消防団の源流をたどる

―二一世紀の消防団の在り方―

日本社会学会員
後藤　一蔵　著

近代消防社　刊

はしがき

平成一〇年は自治体消防が発足してから五〇年目という節目の年でもあった。この半世紀の間に消防団員の大幅な減少や団員の高齢化に見られるように、消防団をめぐる状況は大きく変化した。平成七年九月に仙台市が実施した「消防団に関する意識調査」においても、「消防団の存在を知らなかった」というのは、二〇代の若者においては五〇％にも達している。まさに地域住民にとって消防団が、これまでとは大きく異なった存在として捕らえられて来ていることは明らかである。このような住民意識は仙台という人口一〇〇万を超える大都市だからということではなく、全国的趨勢であることは間違いない。

自治体消防は昭和二三年に発足したが、戦後の混乱期にあって、新規に二三〇万人にも及ぶ団員を集めることは、いかなる方法をもってしても不可能であることは言うまでもなく、その前史ともいうべきものが存すると考えるのは当然である。

これまで、「いろは四八組」に代表される「江戸の火消し組」については、さまざまな場面で取り上げられ、かなりの学問的研究も蓄積されて来ている。それは、江戸城下の町民生活を明らかにする上で、欠かすことのできない側面をもっていることに起因する。しかしながら、明治以降の消防組織については、明治二七年の全国初の統一的基準の勅令消防組規則の制定により町村段階の公立消防組が成立し、むら（私立）消防組は全て消滅したという解釈がほぼ定着した捕らえ方であった。しかも、その記述においても、法制度の改正に伴う構成メンバーや消防器具の推移を中心として取り上げられるに過ぎなかった。確かに、町村をはじめとして多くの行政資料には公立消防組に関する記述は見られるものの、むら消防組に関するものは極めて限定されたものでしかなかったということも、むら消防組の実態の解明を困難にしてきた。だが、多くのむらにあっては、明治二七年以降もそれまでと大きく変わる事なくむら消防組は存続、機能し続けたのである。すなわち、町村には公立消防組とむら消防組の併存という状況が続いたのであった。そのことからしても、近代日本の消防組織を理解するためには、むら消防組の実態解明は必要不可欠なのである。それとともに、我が国の消防団は、基本的には世界の中でも類例を見ない非常勤の地域住民からなり立っており、身分は特別職の公務員で常備消防と相並んで今日なお大きな役割を果たしている。しかも、その運営やメンバーの選出については戦前のむら消防組の特徴がさまざまな形で継続されているのである。

私は、今日の消防団の原型をむら消防組に見い出している。

はしがき

私はこれまでむらに存在する生活互助組織である契約講や若者集団の研究を通じてむらの社会構造の実態把握とその変容過程を農村社会学の視点から取り上げてきた。そのような一連の作業を通じて、むらの生活の枠組みを理解する上で、むら消防組の組織実態を歴史的経緯の中で明らかにすることはきわめて重要な作業であると確信するようになった。私のむら消防組の研究のねらいは、あくまでもむら研究の延長線上に位置づけられるものであり、消防制度論とは一線を画している。

本著は、昭和二三年に成立した消防団の前史ともいうべき明治以降のむらの消防組織の歴史的経緯についてむらとの関わりを重視しながら、多少通史的に概観することを主なねらいとしている。その際、全国的な動きに配慮するということから、できるだけ多くの事例を採り上げるように心掛けたつもりである。そのため、資料上の制約はあるものの、四七都道府県全てを、何らかの事例として本文中において採り上げている（「参考・引用文献」の項を参照のこと）。

私は現在の消防団を取り巻く状況を、次のように考えている。

消防団員の減少は深刻である。消防団発足時の昭和二三年には全国で二三〇万人を数えた消防団員は、平成一二年には九五万人となり、ほぼ半世紀の間に一三〇万超、六割も減少したことになる。「仕事との両立は難しい」「組織の体質が嫌である」と理由はいろいろある。今から一〇年前ころには、「消防団は必要ない、常備消防で十分である」という消防団不要論も台頭したが、阪神・淡路大震災を機に、その考え方は見直される方向にある。

「予防活動以上の消火活動はない」。消防団員からの「火の用心」という一声は最大の予防策である。一月出初式、三月春の防火査察、五月新入団員・新班長の研修、七月消防操法大会練習、八月消防訓練、一一月秋の防火査察、これは非常時の出場を除いたむらの消防団員の主な一年間のスケジュールである。消防団員からは「やっぱりきつい」と言う言葉が返ってきた。しかし、間髪を入れず「むらに住んでいる者がむらを守るのは当然だから」と。団員の補充問題、運営に係る補助問題とむらの消防団に関わる問題は多い。しかし、むらが存続する限り、「火の用心」という呼びかけが果てることはないだろう。それには「あなたはむらの一員ですよ」という意味が含まれていることを忘れてはならない。

（平成一二年二月二二日、拙稿「日本農業新聞掲載の一部」）

阪神・淡路大震災以降、地域防災の在り方については多くの議論がなされて来たことは周知のとおりである。その過程において、消防団の在り方についてもさまざまな角度から検討されては来たものの、それは当面する課題の一部は解決できたとしても二一世紀の消防団の在り方の道筋をつけるという段階には至っていない。それは、消防団がむらといかに関わりあい、現在に至っているかという視点が欠如しているということがその要因の一つとして指摘することができるのではなかろうか。

しかも、消防団は我々の生活に直結した最も身近な組織であるにもかかわらず、これまでは、その実態については、あまり知られていなかったように思う。

本著を通じて、多少なりとも消防団の歴史に対する理解が深まり、引いてはそのことが二一世紀の消防団の在り方についての議論の一助になれば、著者としてはこれ以上の喜びはない。

本著を取りまとめるに際しては、私がこれまでむら消防組について日本村落研究学会を中心として発表して来た次の論文をベースとしているが、本著の性格上、その記述や内容については、原型をとどめないほど大幅に改稿していることをお断りしておく。

- 「若者契約における消防機能の展開過程」(『村落社会研究・八』日本村落研究学会、一九九八年)
- 「明治・大正期における消防組織の展開過程と村落」(『村落社会研究・二八』村落社会

研究会、一九九二年）
・「地主制の展開過程における消防組織と村落」（『村落社会研究・創刊号』日本村落研究学会、一九九四年）
・「勤倹節約運動の展開過程における消防組織の運営実態」（拙著『永遠なり、むらの心』所収改稿、一九九〇年）
・「自警団成立に見る村落の再編成過程」（『中新田町史研究・五』中新田町史編纂委員会、一九九一年）

なお、本文の引用文については、原則的には原文のままとしたが、一部常用漢字を用いていることもある。

著　者

目次

目　次

はじめに

(1) 災害は確実にやって来る

◆今、「地震　雷　火事　親父」

長い年月にわたって、怖いものの代名詞のように言われて来た「地震　雷　火事　親父」は、「親父」を除いては、今日もなお健在である。特に、平成七年一月一七日未明に起こった阪神・淡路大震災は忘れかけていた代名詞をより鮮明に呼び起こさせるには衝撃的なものだった。しかも、この格言の災害序列は「怖さ」の順序を言い表しているということがまことしやかに言い伝えられてきたことさえ正当化するにはあまりあるものだった。ここに並べられている四つは「怖い」という共通性をもっている事は間違いないが、単にそれだけであれば「台風」や「豪雪」などもここに顔を出してもいいはずである。

それは「語呂合わせの良さ」ということと関係しているとも考えられるが、さらに四つの共通項を摘出すれば、これらは日本国内において地域的な差異があまりなく生じる現象であるということを指摘できる。それに加えて、地震、雷はほとんどの場合、火事の発生を伴うことは言うまでもないが、かつての親父にいたっては「烈火のごとく叱り付ける」という言葉が権威の象徴であったことからしても、火の怖さと同列に扱われている。そのように考えると、火事を誘発しやすいか、あるいは火事のような現象が見られるということから、このような格言がしだいに形作られていったとも考えられるのではなかろうか。しかも、これらは発生頻度数も多く、人々は用心のために細心の注意を払って来た。

ところで、「災害はある日突然に襲って来る」ということからすれば、災害はきわめて不規則に発生すると考えられがちである。しかし、統計的に三〇年あるいは五〇年という多少長めの時間帯で捕らえると、その間の発生頻度にはそれほどの違いは見られない。そのことからすれば、災害はいつ、いかなる時代であっても定期的に襲って来ると考える方が、より現実に即した見方であろう。

◆癒されない災害の後遺症

阪神・淡路大震災から五年が経過した段階においても新聞紙上においては「今なお五千人以上が仮設住宅住まい」という見出しが描き出されていた。あの未曾有の災害に対して、国を挙げて災害復旧に対する取り組みが行われて来たことはいまさら多言を要しない。しかも、土木工学をはじめあらゆる技術力が世界有数のレベルに達している我が国おいて、復旧にこれほどまで時間を要するとは誰が予想しえたであろうか。しかも、長期間にわたって不便な生活を強いられているのは、高齢者、とりわけ一人暮らしの老人といった、「社会的弱者」と呼ばれている人々である。災害によってもたらされる表面的な影響はある程度は測定可能であっても、その広がりの裾野はとてつもなく大きい事を改めて思い知らされる。しばしば「災害を風化させてはならない」ということが言われるが、それは災害へのさまざまな技術的対応についての教訓に止まらず、災害によって長い間にわたって苦しんでいる人々の存在を忘れてはならないという意味も込められている。

◆「むら」の役割は大きい

「災害は確実に襲って来る」のである。

災害によってもたらされる被害により、最も基本的な生活範域ともいうべき「むら」社会が破滅に追いまれた例は歴史上数限りなく多い。そのためにも常日頃から災害に備えるための準備をしておかなければなら

今日なお、引き継がれている廻番
（宮城県松山町志引地区）

ないということが教訓として語り継がれて来たのである。しかも、それはむら人としての果たさなければならない義務的意味合いをもつようにもなり、厳しい罰則規定を伴うことも少なくなかった。そして、「自分たちの住むむらはむら人自らが守らなければならない」という考え方も定着するようになり、災害に対してはむらそれぞれの対応が行われて来た。行政制度がしだいに近代化される明治以降においても、国家は「むらの慣行の尊重」という大義名分のもとに、それを必要以上に取り上げ、鼓舞することさえあった。それは、むらに過度の責任分担を転嫁するということにも結び付いた。長年、我が国において言われて来た「防災の最前線基地はむらである」という言葉はまさにこのことを意味している。戦前まで、むらの防災の中心的役割を担って来たのはむら消防組であり、戦後消防団と改称され今日に至っている。

(2) 消防組織の「二つ」の流れ

◆「火事」の特異性

災害は大きく分けて自然的災害と人為的災害の二つに大別できる。しかし、火事だけはどちらか一方に分類することはできないように思われる。火事は地震、落雷といった自然的災害の二次・三次災害によって発生することもあるが、「失火」や「放火」といった人間自らの行為によってもたらされることも多い。しかも、いつの時代においても発火原因全体のおよそ二〇％前後を占める放火は、その時代の経済的・政治的状況と密接に関わっており、「社会的災害」という意味合いが強い。

火事の発生件数は昭和二一年以降およそ一万五千件から六万件で推移しており、災害の中でも抜きん出て多い。その数からしても、一世紀の間に一度も火事の発生を経験しなかったむらは皆無に等しいであろう。しかも、人為的行為によってもたらされることがかなりの割合を占めるということを考えると、その対策は他の災害と一線を画されるのは当然なことでもあった。そのため、相互監視と連帯責任ということが常に付きまとったのであった。

◆消防組織の「二つ」の流れ

寛永一六年（一六三九）、江戸城本丸の出火を教訓として組織された「所々火消し制度」を手初めとして、その後、江戸城内はもとより江戸城下の警備が強化されるのに伴い、「江戸火消組」が重要な意味を持つようになった。それは江戸幕府の意向を強く反映するものであり、その最大のねらいは幕府の権威を守ることにあった。すなわち、火事によって引き起こされる社会不安を沈静化させ、社会秩序の維持を図ることが求められたのであった。そのため、発足当時から、江戸幕府の一機構として位置付けられ、いわば官設機関という性格をもっていた。一方、むら消防組織は、むら人が自らの生活防衛のために組織化したものであり、その組織的態様はきわめて多様であった。前者が常備消防の前史ともいうべき意味合いをもっているのに対して、後者は今日の消防団に収斂されると考えられる。

現在の消防団の特徴を羅列すると、次の三点に要約できる。

(イ) 団員数はおよそ九五万人を数え、地域最大の防災組織である。

(ロ) 主なる機能としては、消防、水防にとどまらず、行方不明者の捜索等、多方面に及んでいる。

(ハ) メンバーの選出やその運営についてはむらの性格を反映している。

これらの内容のほとんどは、消防団が組織化された昭和二三年の消防団令や消防組織法によって新たに形成されたものではなく、その原型は戦前のむら消防団に求めることができる。むら消防組が、その時代の政治的、社会的、経済的状況といかに対応し、変化して来たかということをたどることは、消防団の実態解明の上では必要不可欠である。

第一章　むらの防火の願い

むらにおいては、早くから災害の被害の大きさからして発生時の行動について、口頭や成文化された約束事の取り決めが行われて来た。それは多種多様なものであったが、「むらぐるみ」の対応であるという点では共通している。「災害は一瞬にしてむらを滅ぼす」ということもあり、復旧には一代だけではとても不可能であるということも珍しいことではなかった。そのためにも予防の徹底に最大の注意が払われてきた。過去の大火は、防火の心構え、予兆をはじめとして多くの教訓を後世に残し、長年にわたって「言い伝え」として語り継がれたのである。

(1) 語り継がれる「言い伝え」

火事に関して語り継がれて来た「予兆」や「禁忌」は比較的狭い限定された範域で流布されているものもあるが、中には全国的な広がりを見せているものもある。

◆日常の心構え

各家々が防火のために日常的に心掛けなければならない内容について、寄り合いなどを通じて申し合わせが行われることも多かった。

・家の棟木に〝水〟〝消〟〝龍〟〝雲龍〟の一字を書いておく。

防火のため「消」という文字を刻んだ門柱（宮城県登米町）

・朝、必ず炉に仏壇とともに線香を備える。
・二番亥の子に炬燵をあけて置く。
・冬至に神に祭った水を家の中に蓄えて置く。

家の棟木に「水」「消」「龍」という文字を刻み込むということは広く各地で行われており、「水」「消」という文字には「火を消す」という意味が込められており、「龍」「雲竜」は中国の故事にちなんでいる。そのほかに、火難防止にご利益のある神社や寺の御札をそれぞれの家の門口に張るということも広く行われてきた。

　また、火事を引き起こす事にもつながりかねないということから「やってはいけない」、いわゆる「禁忌」は実に多種多様にわたっている。

・炉のそばで爪を切るな。
・いろりに柿の種をくべると火事になる。
・匂いのする薪を炉にくべてはな

らない。

・炉端をまたいではならない。
・家の外（例えば風呂場の火）から火を家の内に持ち込むな。
・朝は炉に縄をくべるな、夜は藤をくべるな。
・風呂の灰は肥料にするが、炉の灰は川に流せ。
・燕やイタチをいじめると火事になる。
・からすが川で水浴びをすると火事になる。

また、これらの言い伝えに因む伝説の類いは数限りない。

◆予兆

火事の予感は人間よりも動物のほうが敏感であると考えられて来た。そのため、動物がいつもと異なる奇妙な泣き声や集団移動が行われる場合は火事のみならずさまざまな災害発生の前兆であると考えられてきた。

・夜烏が鳴くと火が出る。
・ねずみが急にいなくなると火事になる。
・狐がクワンクワンと鳴けば火事になる。

全国的にも「烏」や「狐」あるいは「ねずみ」といった動物の行動が注目されて来た。

これらの動物は家の中や周辺に住み、いわば人間と共棲していることが多く、その動きが人間の目に触れやすかったことによるものと推察される。あるいは、北海道東部のオホーツク海沿岸部においては、特定の魚（ニシン、タラなど）の豊凶が火事の予兆として考えられて来た。その他に、「夜中にお神楽が聞こえると、それは火事の前触れである」（富山県『魚津市史・下巻』）というところもある。

◆延焼防止

火事が発生した場合、かつては消火活動に限界があり燃え尽きるのを待つ以外に有効な方法は見当たらなかった。そのためにも、人間の力を超えた、いわば霊力とも言うべきものに頼らざるを得なかった。

- 嫁さんが身にまとっている赤い腰巻を竿に結んで家の棟に立てる。
- 笹葉のついた青竹を軒に廻らす。
- 家に祀ってある古峰様の掛け図をもって来て祈ると火の向きが変わる。
- 喜寿の祝いに配られた火吹竹で吹けば火が向うへ飛ぶ。

特に、「赤い腰巻の使用」ということが広範囲にわたって行われており、女性の身にまとっている物や体の一部には魔物を追い払う霊力が宿っていると信じられていたことによるものである。青竹の場合にも、ほぼ同じ意味であり、その成長力に火の勢いをそぐエネルギーを感じとっていたものと考えられる。

◆「午」と火事

・初午の早い年には火災が多い。

・丙午の日に炉を開くと火事になりやすい。

・初午の日には朝九時にお茶を飲むと火事になりやすい。

いつの時代から言われ始めたかということはわからないが、十干の「午」(うま)と火事はきわめて深い関係にあったことがうかがわれる。その由来は天和二年(一六八二)に江戸本郷で起こった「お七火事」の放火犯とも言われる「八百屋お七」の生まれたのが寛文六年(一六六六年)の「丙午」(ひのえうま)であったことから来ているのか、そのあたりの事情については推察の域を出ない。これらの他に「冬、炬燵を出すとき、午の日には出さない。午の日に出せば火事が起きやすい」(岡山県『落合町史・民俗編』)、「午の日に餅を搗くと火事になる」(熊本県『高森町史』)、あるいは、京都の稲荷神社に因んで火伏せのための初午講が組織されている所もあった(神奈川県『秦野市史・民俗編』)。しかし、いずれにしても、多くのむらでは「午」の年には火事が発生しやすいと語り継がれており、そのため、いつもの年よりも防火の徹底を期すためにも神社への火伏せ祈願をするということも少なくなかった。今日においても、初午の日には消防演習をはじめとして各地でさまざまな防火行事が行われている。

(2) 防火への願い

◆伝統的な火難防止の行事

火事の発生を防止するために、全国各地には「火伏せの行事」が数多く存在する。小正月行事として全国各地で行われている「トンド祭」はその最も代表的なものであり、京都大文字の万燈、三河一色の大提燈等が有名である。

宮城県で今日なお行われている例を三つあげておきたい。

同県北西部に位置する加美郡中新田町で行われているのが「火伏せの虎舞い」である。同町の北東部にある稲荷神社の旧二月の初午の祭礼行事が発展したものである。この地域一帯では、春先に強い北西の季節風が吹き荒れ、一旦火事が発生すると大きな被害を被ることが過去にも何度かあった。そのため、「雲は竜に従い、風は虎に従う」という中国の故事に習って、「虎の威をかりて風を鎮めて、火伏せを祈願する」ということから始められたものである。

登米郡東和町米川地区で行われているのが「水かぶり」である。その年の厄年の男が初午の日に、下帯びを巻いた上にしめ縄、わらみ姿に身をまといながら、地区内の沿道を歩きながらそれぞれの家が用意した水桶を屋根に向かって振りかけ、防火を祈願するというものである。

さらに、加美郡宮崎町切込地区の「墨付け」がある。小正月に行われる行事で「へそび（かまどのスス）付け」、あるいは「かせどり」とも呼ばれる。地区内の若者達が奇声を発しながら家々を回りながら居合わせた家族の顔にススを塗り歩くというものである。

大正時代の「火伏せの虎舞い」
（現代史研究所所蔵）

この他、同県石巻市から気仙沼市にかけての南三陸地方一帯において行われている正月の獅子踊りもほぼ同じ意味が込められている。

このような類いの行事は、そのほとんどは小正月か初午の時に行われており、主役は若者であるという共通性をもっている。

水かぶり（宮城県東和町役場提供）

墨付け（宮城県宮崎町教育委員会所蔵）

◆家を守る釜神様と防火の呪い

台所の中心柱に祭られている釜神様
（宮城県桃生町教育委員会所蔵）

家の防火の守り神として祭られているのが「釜神様」である。カマド神は火事の発生場所となりやすい台所の中心柱に祭られている事が多く、東北地方ではかまど神、釜男、関西地方では荒神様、へっつい様等と呼ばれている。元来は家主が新築、改修したとき等に作ったものであったが、明治時代に入ると、大工の棟梁や壁塗りの職人らによって作られるようになった。木製であったり、あるいは泥で作られており、面相はまことに異様である。正月にはしめ縄も飾られ、その年の防火が祈願された。

また、岩手県南にあっては、「炉端に普段使用している二本の火箸をX型にして置く」あるいは「火種を炉の四隅において寝るときに呪文を唱えて拝み、その後火種を集めて真ん中に寄せる」ということ等も行われていた。

消防組成立前の火消し仲間のはんてん
（北上市立博物館所蔵）

このような釜神信仰や呪法は、「火」を絶対視することに基づき、火事の発生は「火」の怒りによってもたらされると考えられてきたことに起因する。その怒りを起こさせないためには、それに対する畏敬の念を常にもち続けることが必要であった。

◆**火難防止の仲間づくり**

特定の神社と結び付き、火伏せ祈願のための仲間組織として「講」が組織化されていることも少なくなかった。代表的例としては、「秋葉講」「古峰原講」「愛宕講」等があげられる。特に、秋葉講は全国的な信仰圏を形成し、富士山参りと一緒になって江戸時代中期から明治の初めにかけて最盛期を迎えている。静岡県

オメェツキ（宮城県雄勝町・成澤俊幸氏所蔵）

西部の周智郡に鎮座する秋葉神社の例大祭に併せて、むらで組織されている講からは代参者が派遣されるのが一般的であった。それぞれのメンバーは、秋葉神社から譲られた火災予防のための護布（守り札）を門口に貼り防火祈願をした。

岩手県胆沢郡若柳村で嘉永二年（一八四九）八月に創設された秋葉山講の取り決め事項の主なものを列挙する。

一、開会ノ儀ハ壱ヶ年ニ度宛
一、白米壱升　銭廿文
　但日期ノ儀ハ春秋彼岸ノ中日ト相定メ
　ノ事
一、講中之内万一火難ニ相及候節ハ壱戸ニ
　付米参斗五升ズツ
　手伝外ニ人夫参人ズツヲ以テ手伝ヘ可

宮城県雄勝町各振地区にある秋葉神社（成澤俊幸氏所蔵）

申候事
一、悪病等ニテ家内中伏居候砌農業取遅レ
　候節ハ講中一般手伝仕候事
一、講中ノ内病死之者之有リ候節ハ白米壱
　升ニ銭百文宛持参可申候事
　この講の主な目的は火伏せ祈願ということは言うまでもないが、被害者宅に対して当座の食料をはじめとする生活する上で必要な物的な援助を行うことも申し合わせている。
　宮城県桃生郡雄勝町名振浜地区では、正月二三日に「オメェツキ」と呼ばれる防火祈願の即興寸劇が演じられる。これは地区内にある秋葉神社の祭りにちなむ行事である。
　さらには、宮城県岩沼市北の町地区で今日も続けられている「サッペ講」（三平という人名に由来する）のように、火事の発生時に勇気ある行動をした人物の功績を後世に伝えることによって防火の大切さを訴えるといった類いの講を組織している所もある。また、特定の神社と結び付きを持たないで、お互いの仲間同士で火事に遭遇した時にお金や品物を援助する、いわゆる相互扶助を主な目的とした組織が作られていることもあった。明治二〇年一二月に岩手県胆沢郡小山村上十文字地区で組織された「共心講」では、次のような取り決めがなされている。

一、火災に逢った者には一二半坪の厩をつくって贈ること。

一、講員一人毎に白米五升ずつ出すこと。

一、若し飢饉或いは不作で頼母子講等開かない時は講中衆議の上、米銭を持寄ること。

これは、昭和三〇年ころまでさまざまな形態を採って生活の相互組織として多くのむらで組織化されていた「頼母子講」の一種である。所によっては「火事手伝講」「用心組合」といってその目的を火事にのみ限定して組織化されている事もかなりの数に達した。これは、当時の火事の多さを物語るものであろう。

防火祈願のための組織化の大きな目的は、むらが火事に対して予防から後始末まで共同で事に当たることにある。しかも、その始まりは江戸時代に起源をもつものが多く、むらやその周辺で起こった大火を契機に組織化されている。

(3) 藩の防火対策と火元の処罰

火事は不注意の失火によって引き起こされる事が多かったため、江戸時代には、各藩で火の取り扱いや出火の際の対応について再三にわたって通達や命令が出されていた。宮津藩（現京都府）の文政一三年（一八三〇）の「御仕置五人組帳御法度」の中で火事に関しては次のように定められていた（京都府『丹後町史』）。

一、火の用心の儀村中申合せ随分念入りに申すべく候。若し出火の時は噂を立て、村中出合い精出して消すべく、勿論御年貢米入れ置き候郷倉を大切に囲うべく申し候。若し御倉焼失においては御年貢米村中弁納なすべきこと。付、毎度灰小屋出火致候間、灰小屋へ灰を入れ候時は、水にてしめし、念入りに小屋へ入れ申すべきこと。また町並の処は申すに及ばず、在郷にても家並の所は申し合わせ、昼夜火の番仕り風烈しき節は、昼夜に限らず限らず村中相廻り申すべきこと。

同じように安永三年（一七七四年）、前橋藩（現群馬県）横野村でも「村中申合せ番屋作り番人附置、火の用心随分申付く可き、若し出火之有れば声を立、村中立合精を出して消すべし、勿論御年貢米入置候蔵大切に囲い申す可事」(群馬県『横野村誌』)といった規定が見られる。

このように五人組における火事に関する規定には、火の用心のための夜廻りの徹底と出火の際には大声で近くの者に知らせる義務について明記されていることが多い。

また、江戸時代から火事の発生原因として多かった春先の「野火付け」については、細部にわたる注意事項に関する通達が再三にわたって出されている。

仙台藩では、藩の取り決め事項に違反した際の罰則規定について、貞享年間(一六八四〜一六八七年)のころから明文化されるようになり、その後「四冊留」にまとめられた。元文五年(一七四〇)に定められた「出火御定二拾二ヶ条之」によれば、失火による火元に対する罰則規定は次のように定められている。

一、類焼無之節　入寺　三日
一、類焼屋敷九軒迄　同　五日
一、同一〇軒以上　同一五日
一、同百軒以上　同三五日

さらに、当時において火事の原因として多かった「火付け」(いわゆる「放火」)に対しては、本人は「打ち首」、一族は「村追放」という厳しい処置が採られている。なお、沖縄県国頭郡金武町では出火元の家では再び火事を起こさないということをむら内の人々に誓約するという意味から、「屋根に水を一杯にした水桶をおいて置く」（沖縄県『金武町誌』）ということが慣習として行われて来た。

(4)　「龍吐水」の登場

本格的な消防器具として登場した「龍吐水」が江戸城下において用いられるようになったのは「宝暦年間」、すなわち一八世紀の中頃である。その性能は、「水位昇ること数丈」（およそ七～一〇メートルぐらい）とも言われ、箱型をした貯水槽ともいうべきものに水を入れ、勢いよく吐き出すものであり、当時としては画期的な放水器具であった。それを機に、むらでは水桶の用意を義務づけるようにもなった。

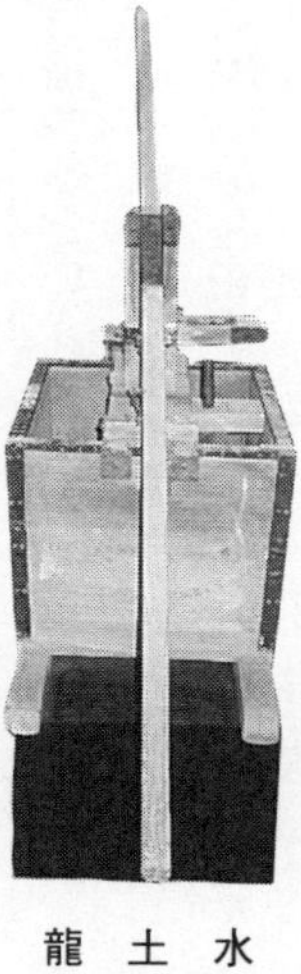

龍　土　水
（北上市立博物館所蔵）

庄内藩（現山形県）温海村では弘化二年（一八四五）に金一三両をもって「龍吐水」二基を購入した。「温海村にて先年より龍吐水が御座無く出火の節防留め申す可き様これなく困り入り」（山形県『温海町史・上巻』）ということからしても、龍吐水の威力は高く評価されていたことがうかがえる。江戸時代の末ころには、多くのむらで龍吐水が使用されるようになった。

しかしながら、龍吐水は初期消火としては有効であったが、火勢の強い状態においてはこれまで同様に周辺の建物を壊すことによって延焼を防ぐ、いわゆる破壊消防の方法が主流であった。そのため、当時の主要な消防器具としては、刺又（柄の長さは3～4メートル位であり、家屋を倒す時に使用）、鳶口、張縄、竹梯子、張篭（竹篭の周りに紙を張り、手桶の代用にした）等であった。

龍吐水の購入に係る費用は、むらそれぞれのやり方で工面されたが、温海村においては、藩から一時的に借り、それを年に一両づつの返済するということで一三年を要している。

その費用の捻出が不可能なむらにおいては、より簡便な「龍頭水」（水鉄砲ともいう）で充当することも多かった。さらには、有力な地主が存在するむらにおいては、地主自からが龍吐水を購入するということもあった。

さらに、火除土手の建設や火除空地の設定、火防用水（あるいは火防井戸）の確保、等が広く行われるようにもなった。

富山藩の「御郡方御条数書」

―延享三年（一七四六）の「火縮」と「駆付火防」に関する規定の内容（一部）―

火の用心の事、常々申し渡している通り、村々では夜番人を立て置き、急渡守らせること。秋作物を取り入れた後は、より一層油断することなく厳重に火縮りをしなくてはならない。自然、不慮の出火があったときには、その近辺の者は即刻に馳付けて火を防ぐこと。前々に申し渡してある火消道具を持参し、吟味人・肝煎などは人足を使って共に働かなければならない。若し、遅れてきたり働かないものがあると聞くときは越度を申しつける。人や牛馬を焼き殺したときは越度とする。

野山でタバコ火などをみだりにしないこと。若し野火があったときは近在より早速馳付て消すこと。（『富山県消防史』）

また、文政から天保年間にかけて青森県脇野沢村に残る「御村限諸議定覚」においても、「火元用心の義、専無油断相勤可申、尤風立申節は辻番、亭主番少茂、無如在懸廻可申、万一、不勤之者於有之、七日之過勤申付定」（青森県『消防の記録―脇野沢消防史―』）とあり、富山藩の「御郡方御条数書」とほぼ同じ内容であることがうかがえる。

野火防禦法則㊙（明治一六年制定）

―長野県上伊那郡西高遠町―

第三条 野火防禦ノ人歩ハ男子ニシテ年齢拾五歳以上六十歳以下ニ限ル可シ　但シ寡婦或ハ男子他出不在ノトキハ本条ノ限ニアラス伍長ニ於テ臨機指示スルコト

第五条 戸長或ハ筆生ハ実地ニ就キ猶人員ヲ要セサレハ能ハサル場合アルトキハ直ニ役場へ通知シ第二条ノ通リ号報ヲナスベシカク再報アルトキハ第四条ニ掲クル人員ノ外男子ニシテ居合候者ハ漏ナク場所へ駆付防禦スル者トス

第九条 消防器具（鉈・鎌・じょれん・唐鍬）等各自必ス携帯スルモノトス

第十条 防禦人歩ハ賃料ヲ給与セス一般義務タルヘシト雖モ法ニ肯キ故ナク防禦ニ出サル儀発覚候トキハ過怠金トシテ金弐拾銭宛差出スモノトス
但シ追徴金ハ戸長役場ニ備置野火防禦一切ノ費金ニアテ漸次消防器具等協議ノ上買入レル者トス

（『長野県高遠町誌・下巻』）

第二章　むら消防組の原点

むらには、早くから男女別、年齢別に応じて一定の役割をもつ集団がそれぞれ組織化されていた。男子においては、子供組（～一五歳）―若者組（～四二歳）―戸主組（～六二歳）―年寄組（六二歳以上）という呼称で呼ばれており、一定の年齢に達すると次の上位の年齢集団に属するようになる仕組みであった（「年序階梯制」という）。

これらの集団のうち、むらの消防活動は主として「アトトリ層」（長男層）からなる「若者組」（若衆組や若者契約とも言い、現在の青年団の原型である）が担っていた。

しかしながら、若者契約が初めから消防だけの機能を有していたのではなく、むらの警防やお祭りの執行等を併せ持っており、むらの実動部隊であった。

一方、若者契約と並んでむらの自治機構の中核をなしていた契約講においても、若者契約に対する活動資金援助や内部の一機能として消防機能を保持していることもあり、消防活動との関係は深かった。

歴史的経過とともに、若者契約はしだいに消防の機能集団的傾向を強めていく。とはいえ、予防から鎮火後の後始末に至る一連の消防活動は当然のことながら「むらぐるみ」で対応されており、契約講はその中核として機能し続け、若者契約の消防活動の在り方に対しても、一定の指示を行うことは多かった。その意味からして、両者の行動は一体化したものであったことに変わりはなかった。

(1)　若者契約における消防機能

享保年間以降、「村中火之用心常々自身番組致吟味無油断入念可申候尤風烈之時ニ火之番大切ニ相勤可申事」（弘化三年、『御条目』静岡県賀茂郡三浜村西子浦）、「火之用心自身番別而御蔵之儀者不申及無油断大切ニ相勤可申事」（寛政九年、自身番組御仕置改帳、静岡県賀茂郡宇久須村）（『大日本青年団史』）に見られるように、若者契約の規約には火事の予防策として最も重要視された「夜廻り」に関する内容が多いということからして、若者契約においては、早くから消防活動が重要な位置を占めていたことは明らかである。

庄内藩（現山形県）早田村において、嘉永七（一八五四）年に定められた「若者掟之条々」の一六項目に及ぶ「掟」のうち五項目は防火に関するものであった（前掲山形県『温海町史・上巻』）。

・「夜ふけて火明これ有る家は遠慮なく相改め申す可く候。第一火の用心博奕等の締り方にも相成り申すべく候事」（第四項）
・「他村へ出火これ有る節は、第一高張役旗役の者早速かけ付け防き場所を見定め相働き申す可く候。万一病気か他行いたし候節は同役の者相勤め申す可き事」（第八項）

・「火事場へ追々駆付け候者は、高張旗印を見定め相集り散乱致しまじく候。すべて綱役や駕役に至る迄心を合わせ骨を惜しまず相働き一方を取り防ぎ申す可き事」（第九項）

・「若者の内火事場へ出ざる者は、酒代として銭一貫文差出し申す可く候。尤も病気か他行致し候者は苦しからざる事」（第一〇項）

・「組内は勿論、小名部村・温海村・湯村迄早速かけ付け相働き帰宅の節は、肝煎方へ相届け罷り帰り申すべく候。尤も御他領は近村たり共見合せ申すべく候。去り乍ら親類は格別たるべき事」（第一一項）

また海岸に位置する宮城県牡鹿郡大原村の文化三年（一八〇六）の「契約之次第」の第四項においても「火の用心竝濱ニ而何船成共大風波立之砌者他人親類之無差別急度骨ヲ折可申事」（『大日本青年団史』）と規定されており、火事予防活動に対する義務出役が明記されている。

ところで、若者契約は、江戸時代までは消防機能のみに限定されていたわけではなく、むら祭りの執行や警備、難破船の救助といった包括的な機能をもつ集団であった。

しかも、若者契約は、原則的にはむらで一定の年齢に達した家のアトトリ層から成り立っており、数の限られたメンバーからなる集団ではなかった。

明治の初めのころになると、若者契約が火事予防のための廻番や龍吐水を使用した消火活動により一層力を入れるようになったこともあり、むらの内部においては「消防組」や「火防組」と呼称されることが多くなった。それは、若者契約がこれまで以上に消防活動に重点を置きつつあったことを示している。

(2) 若者契約は消防組へ

明治政府は新たな国家づくりとして「旧来ノ陋習ヲ破リ」という事を掲げ、これまで長年にわたって続けられて来た伝統的な慣習全般についての見直しを図った。若者契約についても、「夜ばい」や「暴れ神輿」等のさまざまな慣習が社会風紀上、問題が少なくないということから、多くの府県では明治五、六年ころには若者契約の禁止の通達が出されている。そのため、三重県度会郡小俣村では、明治一三年から一四年にかけて村内の若者契約を「交修社」「共敬社」「敬愛社」(三重県『小俣町史』)等に、さらには岡山県浅口郡鴨方村では「有朋社」「鴨方博愛社」(岡山県『鴨方町誌』)というように名称の変更を行うような所もあった。

全国的には、若者契約の多くは消防組、あるいは「消防社」(明治一三年、長野県埴科郡坂城村『大町市史・第四巻』)と改称され、活動内容も消防活動を中心としたものに変わっていった。山形県東田川郡朝日村大網中村地区では明治一二年にそれまでの「火防若勢」という名称を「火防若勢の銘を廃止し消防夫と改正、年齢一六歳より二五歳に限る事」(山形県『朝日村史・下巻』)という決議に基づき、「消防夫」と改称している。名称の変更ではないが、宮城県牡鹿郡荻浜村折浜では、明治三〇年に契約講(メンバーの年齢は一五歳から四二歳の長男)が神風講と改称されたのに伴い規約の大幅な改正により、次のような一項が加えられた(宮城県『石巻の歴史・第三巻』)。

家屋ノ出火ハ勿論隣村並ニ当所区域内ニテ山野何処ヲ問ハズ出火アル際ハ昼夜を厭ハズ迅速現場ニ駈ケ付キ消防ニ取リ□ル事　若シ男子留守之時ハ女子ナリトモ駈ケ出ス可シ

(規約第十条　出火時消防法の項)

さらには、宮城県遠田郡荻埣村では、従来どおり若者契約という名称は存続したものの、明治一六年から年二回の消防会議が開催されるようになった。それを機に、頭取については公選による選出、さらには、「えこひいきの禁止」「メンバーに対する呼び捨ての禁止」等が新たに加えられた。これらは、いずれも若者契約の消防機能集団化のひとつの表れと考えることができる。

(3)　契約講における消防機能

戸主層からなる契約講は、むらの最高の意思決定機関であるとともに、生活の互助組織の中核に位置していたこともあり、その成文化された規約には、災害時の対応、特に相互扶助についての事項が数多く網羅されていた。

宮城県の事例を中心として、明治以降の契約講の規約から消防機能に関する内容を取りあげていきたい。

◆出火予防対策

・火災盗難防御ノタメ毎年旧二月契約当日ヨリ三月末日迄毎夜弐名宛順次ニ廻番スルモノトス、但シ、廻番小屋ハ協議ノ上臨時ニ定ムルモノトス
（登米郡錦織村上在郷契約申合規約第一一条、明治四二年三月）

・夜廻番ハ従来ノトオリコレヲ行フ。若故ナク背シタル時ハ二倍ノ廻番ヲ為サシムルモノトス。廻番ヲ為ス期間左ノ如シ。但其他不時之時変アル時ハ其限リニ非ス
（本吉郡戸倉村波伝谷契約講規約第一八条、明治四四年四月）

夜警用鳴子（北上市立博物館所蔵）

この二つの規約からもうかがえるように、出火予防対策の中心となっているのは「廻番」（夜廻り）である。廻番は一定の時間を定めてむらの中を複数のむら人が二人一組になって拍子木で板木を叩きながら「火の用心」を唱えながら一晩に二〜三回ぐらい巡回するものである。廻番は一年中行われるということはあまりなく、風が強く、乾燥して火事が発生しやすい冬から春先にかけて実施されることが一般的であった。その際、多くのむらでは、二〜三坪程度の広さの「廻番小屋」や「消防番屋」と呼ばれる建物が設置され、休憩や仮眠を取ったりする場所として使用されていた。当番を忘れたり、あるいは寝過ごして巡回ができなかったりした場合には、廻番の日数の延長という罰則を課せられることもあった。廻番は防火に止まらず、不審者に対する警防という意味合いもあった。その廻番については、ほとんどの契約講規約に明記されているものの、実質的活動はしだいに消防組が担当するようになり、契約講はそれに関わる経費負担を担うようになった。

◆出火時の対応

・天災地変等不時ノ災難ニテ炊出ヲ要スル場合火急ノ要ヲ弁スル為常ニ白米若干ヲ備ヒ置クモノトス。但是ハ共同耕作ノ収益ヨリ出スコト当分一斗五升トス
（桃生郡永井村永井神風講社々則施行概則第一四条、大正二年一〇月）

・救済其他援助スヘキ事態ヲ認メタ場合ノ機ニ臨ミ変ニ応シテ緩急ソノ宜シキヲ計リ決シテ其機ヲ逸スルカ如キ事ナク、犠牲的精神ヲ以テ事ニ順フヘシ
（本吉郡戸倉村滝浜契約講規約細則第五条、昭和一五年一〇月）

火事が発生すると、被害を最小限にくい止めるためには消火活動に全力を注がなければならない。その場合、契約講の規約においては最低一戸一人の出役が義務づけられていることが多かった。しかし、非常時に際しては、当時の消防器具の状況からしてできるだけ多くのむら人を動員することが必要であり、老若男女を問わず消火活動に従事可能な者はそれに関わることがむら人としての責務であった。火の勢いがしだいに下火になって来ると、消火に従事した人々を慰労するために、女子は主に「炊き出し」と称してお握りや汁物の準備に取り掛かった。そ

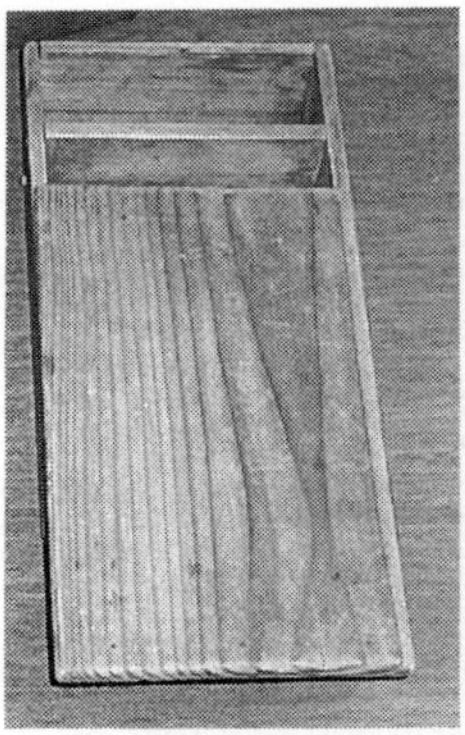

一人用の弁当箱
（北上市立博物館所蔵）

炊出しの時に用いた弁当箱入れ
（北上市立博物館所蔵）

の時に使用する米や味噌は各自の持ち寄りであったり、あるいは常日頃からむらで蓄えている備蓄米を使用することもあった。

◆鎮火後の対応

・本会ハ区民ノ意志ノ疎通ヲ計ル一致協力ヲ以テ円満発展ヲ期ス、且水火盗難又ハ老廃、疾患等ニ備エル為貯金ヲ実行ス
（柴田郡大河原町中・下組契約講中規約第三条、明治二三年八月）

・講員中天災地変ノタメ家屋焼失流亡ノ節ハ持弁当ニテ一統手伝スルモノトス
（登米郡西郡村離森契約講定第四条、明治三八年二月）

被害家族に対する物的な援助や労力提供が中心である。後始末に関する手伝いは二～三日間にわたることが多く、それに要するすべての経費は自己負担が原則であった。

熊本県西合志町では、「消防活動が終わると、そこに旗を置いて帰る。そうすると、翌日出火した家の者が旗を持ってお礼にやってきた」（熊本県『西合志町史』）ともいう。ところによっては、火災のみならず災害や盗難によって失った物品を補充するために費

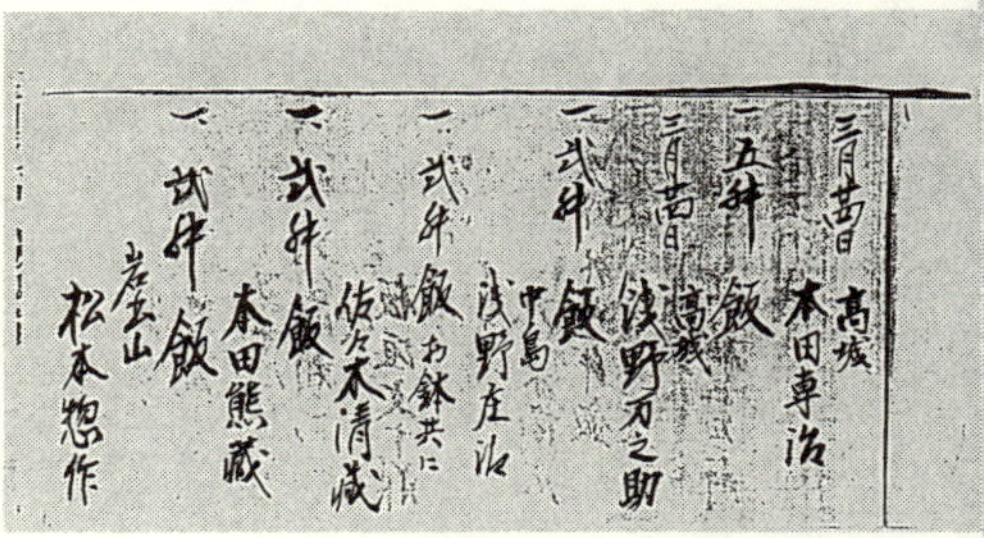

「火事見舞受帳記載内容の一部」

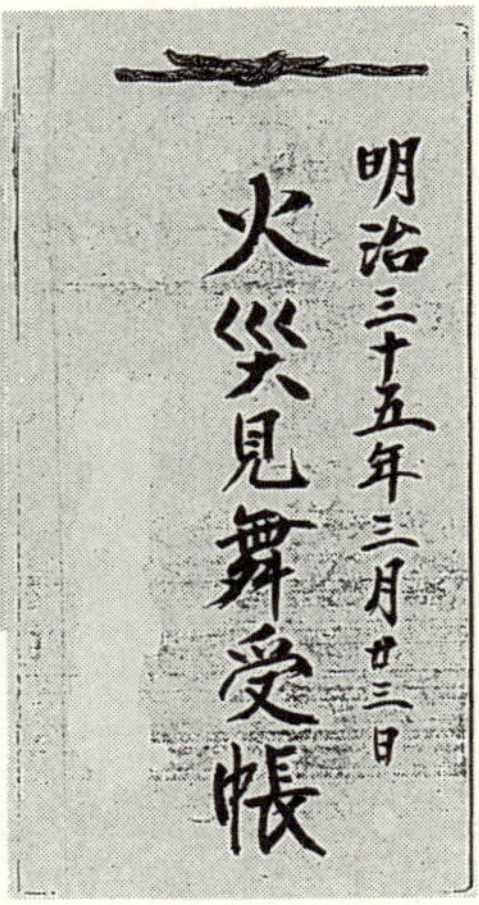

宮城県中新田町
（現代史研究所所蔵）

用の一部をむらが補填するため、恒常的に貯蓄や共同耕作を行っているところもあった。

　このようなむら人としての義務人足のほかに、本家――分家関係の家相互間、あるいは隣組など常日頃から関わりの深い家同士にあっては、「灰かたつけ」「焼見舞」という形で労力の提供はもとより日常生活必需品の提供も行われた。明治三五年三月二三日に宮城県加美郡中新田町内で起こった火事の際の「焼見舞」の状況を見ると、火事のあった翌々日の二五日は一〇件、二六日は一三件と最も多く、その後、半月ほどにわたって生活必需品の提供が行われている。主な提供物としては、にぎり飯、白米、味噌、藁、汁椀、衣類、お金等であった。

特に、火災直後においてはほとんどが飯と味噌の提供であり、当面の食料の確保ということに重点が置かれていた。

大分県湯布院町では、周辺のむらむらは、火事見舞いとして「縄」を送るという慣習が大正時代まで続いていた（大分県『湯布院町誌』）。

ところで、むらによっては契約講と若者契約の双方が存在し、お互いに機能分担しているということもあったが、若者契約が組織化されず契約講のみで対応しているところも少なくなかった。宮城県加美郡広原村羽場地区は後者の例であり、明治二五年には契約講の内部規約として新たに「消防定約」を定めている（宮城県『中新田町史・下巻』）。

第一条　消防長ヘ連中集合スル事

第二条　集合ノ上連中徒見ノ上消具ヲ携ル事

第三条　火事場ニ於テ消防長ノ指揮ニ随フ事

第四条　壱里以上弐里以内之場合ニ於連中出發スル事

第五条　消防長並ニ連中大提灯ニ集合ノ上、警察署ニ行当リ帰村スル事

第六条　村内ニ於テ盗難且ツ返（変）事有之節ハ連中集合スル事

第七条　當村並近隣ニ於騒動返（変）事ニ付□木先ニ打「　」消防ニ於テ當タル事

　但ス此定約ノ事相守候得共病気等他出有之節ハ代人ニテ相務ル事

契約講の内部機構として消防組織を明確に位置付けることにより、消防機能が強化されたことはいうまでもない。火事の多さはもちろんのこと、消防機械の近代化や周辺のむらとの消防の合同演習の始まりなどがその契機となっている。その後、むらの消防組として契約講とは一線を画するようになり独自性を強めていった。

若者契約は名称の変更や消防機能の強化によって、消防の機能集団的性格を強めていく傾向が見られたのに対して、契約講はしだいにむら消防組の後方支援を中心とした活動に重点を移していった。

むらにおける消防組織の原型を若者契約に求めることはできる。しかし、若者契約がしだいに消防の機能集団的性格を強め、「消防組」と改称された段階においても、「春日祭日幟及角力ニ関スル一切ノ事ヲ消防組取扱フモノトス」（明治二三年九月、三重県阿拝郡壬生野村消防組申合規約第九条『伊賀町史』）、あるいは、明治二五年の消防組の役割として「舞台道具の管理・源氏興業・悪魔払い・神楽・火祭り・角力興業」（長野県『茅野市史・下巻』）ということからしても、「若者契約」の当時とむらとの関係が全く新しい状況になったということではない。

堺県（現在の京都府）における夜警設置に関する布達

（明治十三年三月十一日付）

・第一条　夜警ハ日没ヨリ日出迄、一町村又ハ数町村間断ナク巡警シ、強窃盗其他不慮ノ災害ヲ予防スルニ備フルモノトス

・第六条　夜警ハ年齢十七歳以上五十歳以下ノ男子ニ限ルヘシ
但、適齢ト雖モ廃篤疾ノ者ハ、本員トナルヲ得ス

・第九条　夜警ハ両名ツヽ連行スヘシ

・第十二条　夜警勤惰ヲ糺サスンハ、有名無実ノ弊ヲ生ス、故ニ巡査ニ於テ之ヲ監督スト雖モ、左ノ如ク盟約ヲ結ヒ、互ニ連署シ、背ク者ハ戸長・総代或ハ伍長ニテ、違約ノ廉ヲ責ムヘシ

一　夜警中睡眠致ス間敷事
一　夜警中巡邏ヲ怠タリ、私用ヲ弁スル等致ス間敷事
一　遅参又ハ不参致ス間敷事

（大阪府『高石市史・第四巻』）

第三章　消防組に対する国家統制

明治政府は近代国家建設のために、さまざまな政治・経済改革を行ったが、新政府成立直後においては、緊急に解決しなければならない政治課題が多かったこともあり消防についてはほとんど顧みられなかった。そのため、消防については旧来の様態がそのまま維持された。しかしながら、その後、むらの消防組が反政府運動に関わったり、あるいは特定の政党の下部機関としての動きを強めていくこともあったため、明治政府はむらの消防組織に対して統制を強化していった。そして、明治二七年には全国統一基準の消防に関する初めての規則である「勅令・消防組規則」が制定されるに至った。

明治36年の出初式を描いた絵図
（岩手県紫波町　水分神社所蔵）

(1) 消防組織に目を向ける明治政府

明治政府の消防組に対する基本的な政策に大きな影響を与えたのは司法省警保助兼大警視で

あった川路利良である。川路は明治五年九月からおよそ一年間近代国家における警察制度視察のためにイギリス、フランス、ドイツ等のヨーロッパ六ケ国を歴訪し、それに基づいて、翌六年には一〇項目からなる「警察制度に関する建議書」を政府に提出した。そのほとんどは警察の在り方に関するものであったが、消防に関わるものとしては第六項において次のように述べている（『内務省史・第二巻』）。

人民ノ損害火災ヨリ大ナルナシ故ニ消防ハ警保ノ要務願クハ各国ノ例ニ遵ヒ消防事務ヲ警保寮ニ委任セハ府庁ニ於テ別ニ消防掛ヲ置クニ及ハス是亦府費ヲ省クノ一ナリ

すなわち、火事は物的・人的のいずれにおいても大きな損害をもたらすものであり、国家の安定にとってははなはだ由々しき問題を発生させかねない、そのためにも「警保寮」で取り扱われのが妥当であるという考え方が示されている。その当時、「警保寮ヲ置クノ趣意ハ国中ヲ安寧ナラシメ人民ノ健康ヲ保護スル為ニシテ安寧健康ヲ妨クル者ヲ予防スルニアリ」（明治五年太政官布告第一七号）ということからしても、警保寮は警察行政の中枢に位置していた。それゆえ、警保寮が消防行政を担うということは、消防組は消火活動のみならず警防活動の一翼を担うことであり、ここに消防組は警察の補助機関として位置づけられることになった。

明治七年、東京消防庁は川路利良の建議の趣旨を踏まえて、消防に関する最初の規則である「消防章程」を制定した。その内容は、第一章「消防規則」、第二章「消防組役割」、第三章「ポンプ組役割」、第四章「消防組頭以下心得」、その他に「消防組死傷扶助定則」と「消防組罰則」から成り立っている。

その内容において注目しなければならないことは次の三点である。

第一は、出火の際には、警察の命令によって消防組が招集され、かつその現場においても警察の指示に従うということ。すなわち、消防組の消火活動については警察の支配下に置くことを明確にした。それは、明治五年にこれまで火消しの中心であった「町火消組」が消防組に改編された事を踏まえて、旧来の鳶職を中心とした消防体制と一線を画すことにねらいがあった。

第二に、一つの消防組のメンバーは「鳶頭」(一名)以下七〇名をもって構成され、その内部機構として「ポンプ組」が組織化されたこと。

消防組の定数が定められたことは、これまでのようにむらである一定の年齢に達した者が必ずしも消防組員になるということではなく、基本的には消防組員は一定の条件を満たす者から選ばれることになった。

しかも、ポンプ組が火事の現場における実動部隊として位置付けられたことは、これまでの破壊消防に代わって、消火消防体制へ移行したことを示している。それはポンプ組に必要な次の消防器具からしても明らかである。

纏い二本、階子二挺、龍吐水一挺、鳶口四拾五本、纏付高張提燈二張
階子付高張提燈二張、弁当付高張提燈二張、刺股一挺、消札

第三に、消防組の罰則項目は一一項目に及び、かなり細部にわたっていること。「喧嘩口論の禁止」「消札の立て方の原則」「命令の遵守」「諸道具や纏いの取り扱い方」等について定められた。これらは江戸時代の火消し組に常につきまとって来た問題でもあり、江戸時代来の火消し組の伝統を払拭する意図がうかがえる。

「消防章程」は江戸時代の火消し組制度の否定と近代消防制度の創設を意図したものであり、時代のエポックを画すものであった。

多くの府県では、この消防章程を参考にして消防組織に関する規則の制定が行われた。岩手県では明治一〇年七月一五日に一二ヶ条からなる消防組規則が制定され、「消防組ハ頭取以下役割組中ニ於テ之ヲ公選シ戸長ノ承認ヲ受ケ戸長ヨリ警察署ニ届出ベシ」(『いわて消防物語』)ということが謳われ、消防組の警察署への届け出の義務と役員の公選制が打ち出された。これと同様な内容は、明治一一年に制定された福島県消防組規則第四条「消防組を指揮するは組頭の権にありといえども出張警察官の指揮を要することもあるべし」(『福島県消防沿革史』)という条項からもうかがえる。

(2) 江戸火消組の名残りと消防組は届け出制へ

各府県で消防組規則は制定されたものの、「い・み・な・よ・か組」（明治八年、宮城県本吉郡気仙沼町『本吉郡誌』）や「い・ろ・は・に・ほ・へ・と・ち組」（明治三二年、三重県阿山郡東拓殖村『伊賀町史』）等からして「江戸火消組」を思わせるような名称はかなり長期間にわたって使用されていた。長野県上伊那郡宮田村では、明治三九年四月に至って「い・ろ・は……の組名を廃止し新たに耕地名を部の名称とする」（長野県『宮田村誌・下巻』）という取り決めが行われている。

また、明治一一年八月の境県（現京都府）における「一小区消防規則」の通達の「第二章」の次の条項にも注目したい（大阪府『松原市史・第五巻』）。

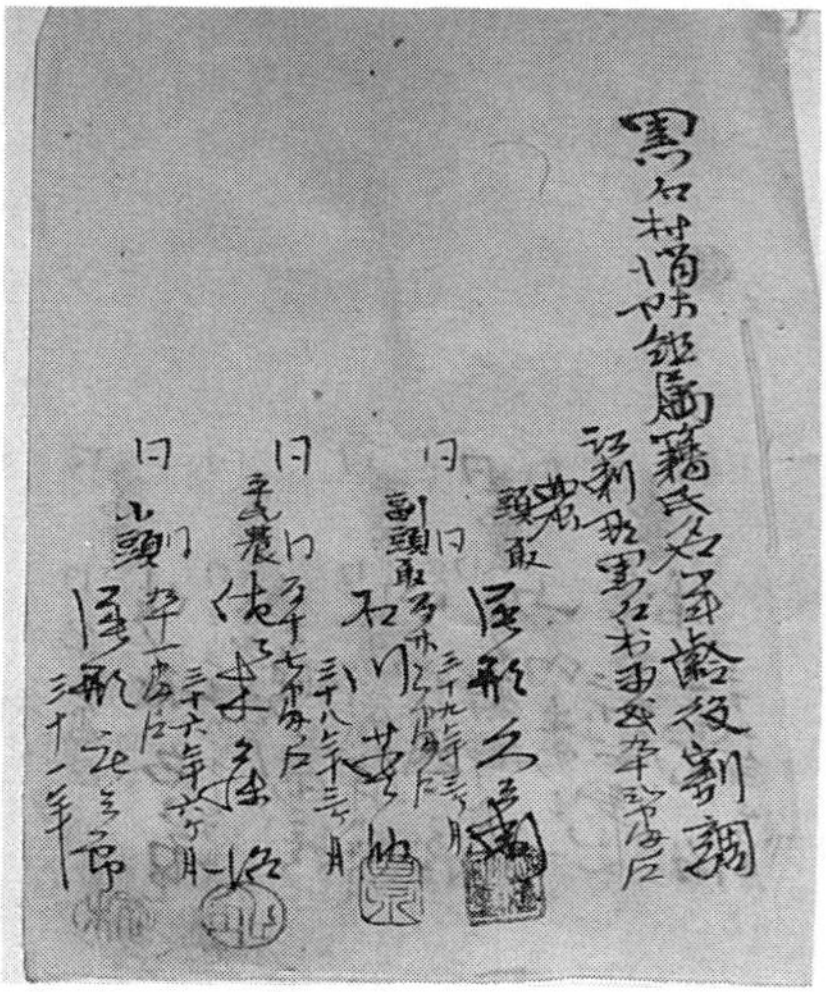

消防組のメンバー
（水沢市消防記念館所蔵）

・消防人足ハ専ら火掛ノ事ニ着手シ、妄リニ人家破却等ノ所為アル可カラザル事（第二条）

・消防ノ為メト雖モ警部或ハ巡査・区戸長・村総代等ノ差図無之内ハ妄リニ土蔵屋根等ヘ登ル可ラザル事（第四条）

これらと同じ内容は、「消防夫出火場ニ於テハ各其職務ヲ固守シ、苟モ粗暴ノ行為ハ勿論、猥リニ家屋牆塀其他関係ナキ物品ヲ毀損ス可カラス」（明治二一年、埼玉県北埼玉郡割目村消防組編成規約第一七条『草加市史・資料編』）「出火場ニアリテハ、警察官組頭ノ指揮ナクシテ濫リニ家屋ヲ破毀スルハ勿論、総テ粗暴ノ行為ヲナスベカラス」（明治二〇年、滋賀県野洲郡中北村「消防組規約書」『野洲町史・第二巻』）にも見られる。

すなわち、明治二〇年代においても、破壊消防時代のやりかたがそのまま継続されていたたことをうかがわせるも

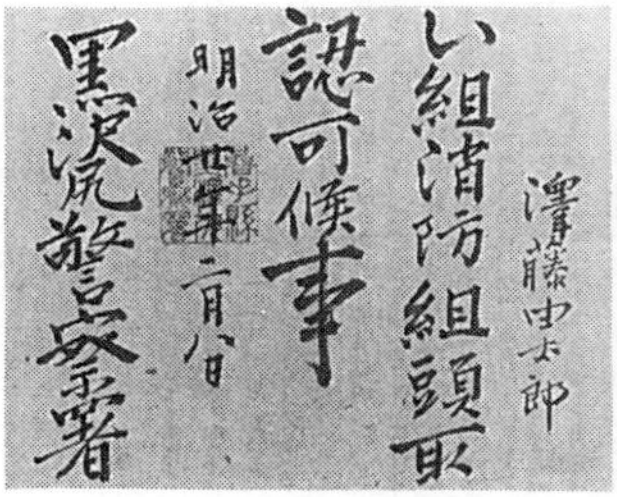
澤藤忠太郎
い組消防組頭取
認可候事
黒沢尻警察署

「い組」の組頭の認可状
（北上市立博物館所蔵）

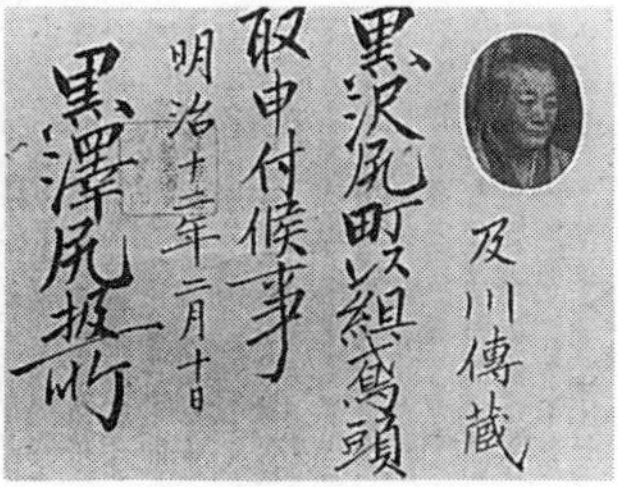
及川傳蔵
黒沢尻町以組鳶頭
取申付候事
明治十二年二月十日
黒澤尻役所

「以組」の鳶頭申し付け状
（北上市立博物館所蔵）

のである。

さらに、消防組の主要な役職名においても「総長」「組長」「正組頭」、あるいは「鳶頭」と言うようにまちまちに使用されており、消防組に対する指示伝達の徹底を図る上で不都合なことが多かったために、役職名の統一が行われるようになった。岩手県では明治一〇年の消防組規則において「頭取」を「組頭」に、伍長は「小頭」と改称された。宮城県では明治一七年に県警察本部の通達によって、「組頭」「組頭副」「小頭」に統一された。そして、明治二〇年ころまでには、鳶頭という名称は全国的にもほとんど姿を消した。

一方、それぞれの消防組は、消防組規則で定められた消防器具を準備しなければならなかったが、一部の消防組を除いてはそれを十分に備えることはできなかった。明治一二年一一月岐阜県大野郡高山町では「古来よりの消防組が存し、急激な改正を行うことは経済上顧慮を要するので、防火準則に準擬すると共に旧慣を参酌すべき旨を県に請い聞届られた」(岐阜県『高山市史・下巻』)というように、旧来の消防組の組織がそのまま容認されるということも少なくなかった。その大きな理由として、ほとんどの消防組規則で掲げられた「喞筒(腕用ポンプ)か龍吐水」といった消防器具を購入するための財源がなかったことがあげられる。そのために、「徴収ハ毎期戸長役場ヨリ課額ヲ算出シ日限ヲ予定シ切符ヲ発ス　伍長ニ於テハ組合毎戸ヘ配布シ日限ヲ過ギズ納メルベシ」(明治一六年、長野県上伊那郡高遠町「消防費収入支出規則議決書」『高遠町誌・下巻』）といった形で特別徴収が行われることもあった。

ところで、明治一〇年代には自由民権運動が全国的な広がりを見せるようになり、むらの消防組がその中心的役割を果たすようなこともしばしば見られた。明治政府はそのような動きを押さえるために、これまで放任状態であったむらの消防組に対して、実態把握のために次の項目について所轄の警察署に届けることを義務づけた。

・「消防組の名称」
・「費用支出方法」
・「消防夫族籍氏名年齢」
・「役員の名称」
・「火防器具の種類」
・「徽号服章」

これらの届け出項目については、その後制定された消防組規則にもほとんど網羅されており、中でも「消防夫族籍氏名年齢」については、警察が最も重要視した内容項目でもあった。

(3) 行政村の成立と公立消防組

明治二二年の町村制施行に伴い、旧来の五～六ヶ町村が合併して新しい町村、すなわち「行政町村」が誕生した。その結果、全国的には町村段階に新たな消防組織、すなわち「公立消防組」を組織化する動きが強まった。しかし、奈良県北葛城郡上牧村（明治二二年旧三ヶ村の合併により成立）の「各集落単位で若い衆を結合して消防組織をつくり集落の惣代がこれを統べ集落の火災などに備えていた」（奈良県『上牧町誌』）、さらには宮城県本吉郡小泉村のように「消防組設置ノ議ハ従來小泉町内ニ設置サレテイル消防組ニ毎年度四〇円補助シ従來ノ侭私立ニ据ヘ置クモノトス」（宮城県『本吉町史』）というようなことからして、これまでとあまり変わらなかったり、もしくはむらの消防組に補助金を与えるに止まり、新たな消防組を組織することに至らない所も少なくなかった。あるいは、「報酬及ビ器械費蝋燭代等ハ字地価戸数ニ賦課スルモノトス」（三重県阿拝郡壬生野村『伊賀町史』）のように、町村が財政支出を行わず、むら人に新たな負担を課すような所もあった。それは行政村が成立してまだ日が浅く、新たな消防組を設置するためには「当組合消防事務ニ関スル一切ノ経費ハ組合ニ於テ負担シ本県地方税戸数割徴収法に倣ヒ予シメ一ヶ年ノ見積ヲ以テ金拾円ヲ徴収シ置キ支弁ニ備置クモノトス」(明治二一年、埼玉県南埼玉郡箕輪村「消防規約・第一〇条」『岩槻市史・近現代資料編』)というように財政問題が大きな理由としてあげられる。

行政村の成立を機に、行政町村段階の消防組を公立(公設)消防組、むら段階のものを私立(私設)消防組と明確に区別されるようになったが、この点については、青森県では既に明治一七年八月二五日県布達甲第六号の第三条において、次のように規定している。

公立トハ一町村又ハ数町村聯合シテ其町村費ヲ以テ組成スルモノヲ云フ

私立トハ町村ノ区画ニ拘ハラズ有志間ノ協同シテ組成スルモノヲ云フ

(『青森市消防史』)

石川県においては明治一五年九月の「県消防組規則」、埼玉県では明治一九年一二月の「県消防組編成規則」等において「公立消防組」という文言は使用されてはいたが、一般に使用されるようになったのは明治二二年の町村制施行後であり、行政町村に対応した消防組の成立が強く意図されていることがうかがえる。

しかし、各府県の消防組設置規則に基づいて、行政村段階において公立消防組設置の促進は図られたものの、明治二三年における警備費(消防予算はこの項目で取り扱われていた)は全国町村総歳出中に占める割合は〇・九%(大島美津子『明治のむら』)にすぎず、極めて低いものであったことからしても、その動きは緩慢であった。

また消防組役員選出方法については、「頭取・副頭取ハ消防夫全員ノ投票ヲ以テ、本町住民中年齢三十歳以上ノ者ヨリ選挙シ、頭取・副頭取選挙ヲ行フトキハ各有効投票多数ヲ得タルモノ三名ヲトリ、之ヲ候補者トシテ抽選ヲ以テ其当選人ヲ定ム」（明治二四年、福島県伊達郡桑折町消防設置法第七条『桑折町史・第七巻』）、「小頭、副小頭は各組において適宜選挙し、組長は小頭、副小頭において選挙し、総長は組長より選挙するものとす」（明治二三年、福岡県生葉郡山春村消防組設置規則第五条『浮羽町史・下巻』）のように公選制を採用する所も一時期はかなり見られたものの、「役員及消防夫ハ村長之ヲ推撰シ村会ノ意見ヲ聞キ之ヲ定メ各受持係ハ総長之ヲ定ム役員及各受持係ハ任期ハ一ケ年トシ毎年旧正月十七日ヲ以テ改撰ス」（明治二六年、福島県伊達郡富野村消防組設置規定第六条『梁川町史・近現代Ⅰ』）からもうかがえるように、しだいに村会や村長の意向に沿って人選されるようになった。

(4) 公立消防組の実態

宮城県刈田郡七ケ宿村では、明治二五年、行政村段階に「七ケ宿村消防組規則」が制定された。これまで消防活動は、旧村内で組織されていた若者契約や契約会を中心に行われて来たが、行政村の要請に応じて公立消防組が組織化された。しかし、「本村ニ消防組ヲ置キ一団隊ト為シ七ヶ宿消防組ト称ス」（第一条）ということからも、組織上は旧村のゆるやかな横の連携による連合体に止まるものであった。それは、「七ヶ宿消防組ヲ数部ニ分チ其字名ヲ以テ何消防組ト称ス――仮令ハ関消防渡瀬消防湯原消防ト言フカ如シ」（第二条）、「本村各部落ハ毎字必要ナル諸器械服装等経費ヲ負担スヘキモノトス」（第七条）からも明らかである。それゆえ、公立消防組ができたとはいえ、それは名目上であり、明治二五年から同二七年までの三年間の警備費はこれまでと同額の年一二円であった。連合組織の成立によって、旧村消防組でこれまでまちまちであった服装や役員名称等において統一が図られたに過ぎなかった。また、「当村消防組の如きは、山北三春の両大字共、各旧村において該組を設け、火災鎮撫に従事したるも、客年六月より両村合併して一村となり、消防費等も全村の負担とするにおいては、消防組等も改正して、同一の方法を設けんと欲す」（明治二三年三月、福岡県生葉郡山春村「消防組設置規則」提案理由『浮羽町史・下巻』）という例においても、行政村に新たな公立消防組ができたことはうかがえるが、山春村では旧村それぞれに総長が任命され、しかも別々に喞筒も買い求められているということからすれば、その実態は七ヶ宿消防組と何ら変わるものではなかった。このようなことからも、公立消防組が成立したとはいえ、これまでの組織が実質的には存続したのである。とはいえ、これまで同一の警察署管内であってもその対応にばらつきが見られた消防組員資格や行動基準については、統一した対応が図られるようになった。

(5) 警察の消防組に対する指導強化

行政町村成立以降、警察の消防組に対する監督強化は「町村ニ於テ火災水害ノ警防ヲ周到ナラシムカ為消防組、水防組、ヲ設置シ其ノ組織等ハ条例トシテ規定スルヲ得ヘシト雖モ水火災ニ関スル事項ハ警察官ノ職権ナルヲ以テ町村ノ成立ニ係ル消防組、水防組ト雖モ所管警察官ノ監督ニ属シ尚警察官臨場ノ際ニ在リテハ其指揮ヲ受クヘキモノトス就テハ町村ニ於テ右ノ旨意ヲ誤ルコト無之様注意スヘシ」(明治二三年三月、栃木県通達甲第二一号)からもうかがわれる。さらに、消防組員に対しても「消防組ハ平時ト非常ノ際トヲ問ハス警察官ノ指揮命令ニ従フヘシ」(明治二二年、宮城県消防組設置規則第四条)のように、日常の生活行動についても厳しい監視体制が採られるようになった。

宮城県加美郡中新田町の中心地域においては、明治二七年三月に警察の強い勧めに基づいて「定回番」も開始されるようになった。

「中新田定回番規則」(抄)

第一条 本町ニ定回番四名ヲ置キ乾燥ノ時ニ際シ市街ノ表裏ヲ警邏セシメ専ラ火盗ヲ予防スヘシ
第二条 定回番人ハ町長之ヲ任免ス
但シ町民中年齢十八年以上五十年未満ノ男子品行方正ニシテ身体強壮ノ者ニ限ルヘシ
第三条 定回番ハ四人ヲ一組ニ分チ服役中毎夜「雨天ヲ除ク」午後八時ヨリ午前四時マテ一組ニ付少クモ五回以上全市ヲ警邏スヘシ
第五条 定回番ニハ一夜一人ニ付金拾五銭ヲ給スヘシ
但シ雨天等ニテ服役セサル時ハ之ヲ給セス
第六条 定回番留所ハ町長及監督委員会ニ於テ臨時之ヲ定ム
第七条 定回番人警邏中現ニ盗火犯人ヲ見認メタル時ハ之ヲ取押ヒ警察署ニ急報スヘシ
第九条 監督委員ハ名誉職トシテ本町々税戸別割三個以上ヲ納ムル人員ヲシテ総テ之ニ充ツ　但シ監督方法ハ町長及該委員協議ニヨル委員ハ女戸主ヲ除ク

むらで広く行われていた廻番とそれほどの違いは見られないが、「町長がメンバーについての任免権をもっていること」「有報酬であること」「警察との連携強化」の内容等からして、警察の意向をかなり反映するものであった事は明らかである。

(6) 消防組に求められる犠牲的精神

消防組の組頭以下幹部の報酬については消防章程の制定以降、規約上は月決め報酬として明文化されたものの、ほとんどは消防組に対する寄付行為として処理されることが多かった。しかも、「消防ニ関スル職員ハ名誉職トス給料手当等ヲナサズ」（明治二五年、前掲七ケ宿消防組設置規則第十一条宮城県『七ケ宿町史・生活編』）、「役員及ビ組員ハ総テ無給トス、但シ篤志者ノ贈与アル時ハ之ヲ受クル事ヲ得ベシ」（明治二五年　岩手県遠野消防組規定第九条『遠野消防沿革史』）ということからも、全ての消防活動において滅私奉公とも言うべき犠牲的精神が強調された。それに加えて、「消防組員ハ苟モ不品行ノ振舞アルベカラズ」「消防組員ハ出火ハ勿論、震災・洪水・大風等ノ困難ニ遭遇スルヲ救助スルモノニシテ、其ノ節急鐘ヲ聞キタル時ハ直ニ現場ヘ駆付クベキ事」（明治二四年、佐賀県東松浦郡相知村消防規約第三項『相知町史・下巻』）、「消防夫ハ勉メテ情実ヲ旨トシ互ニ情義ヲ重ンズ事」（明治二三年、徳島県名西郡高川原村消防夫組立規則『石井町史』）というように、消防組員は常に模範的な行動が求められた。

消防組に対する警察の監督強化と消防組及び消防組員の全ての行動が犠牲的精神に貫かれているという二つは、消防組行動の基本的な枠組みとして、長い間にわたって堅持されることになった。

(7) 全国統一基準「勅令・消防組規則」の制定

明治二〇年代には、むらの消防組が政治的に利用され政党の下部組織として活動したり、さらには頻発化する小作争議において中心的な役割を果たすようなこともあり、明治政府は何らかの規制強化を図る必要に迫られた。しかも、明治二五年ころから清国との政治的緊張も高まり、国民の力の結集を図ることが緊急の課題でもあった。

そのころ、ほとんどの府県では行政町村段階の公立消防組に関する規則は制定されていたものの、内容的にはかなりばらつきもあり、明治政府は全国統一の規則の制定に着手した。明治二七年二月九日に勅令一五号をもって全一九ヶ条からなる「勅令消防組規則」(以下「消防組規則」)を制定した。

その制定経過において注目しなければならないのは、まず第一に、その規則の内容の徹底を図るために全部で一二項目からなる「制定要旨」(以下「要旨」)が作成されていること。

すなわち、新たに制定された消防組規則の各項目について解説を加え、全国同一の対応を求めたのである。第二は、「勅令」という形式をもって制定されたこと。このことは、国民に対してより緊急性を持っているということと、消防組織が国家秩序の維持という面にとって必要不可欠な存在であるということの二つの面をアピールするねらいがあった。

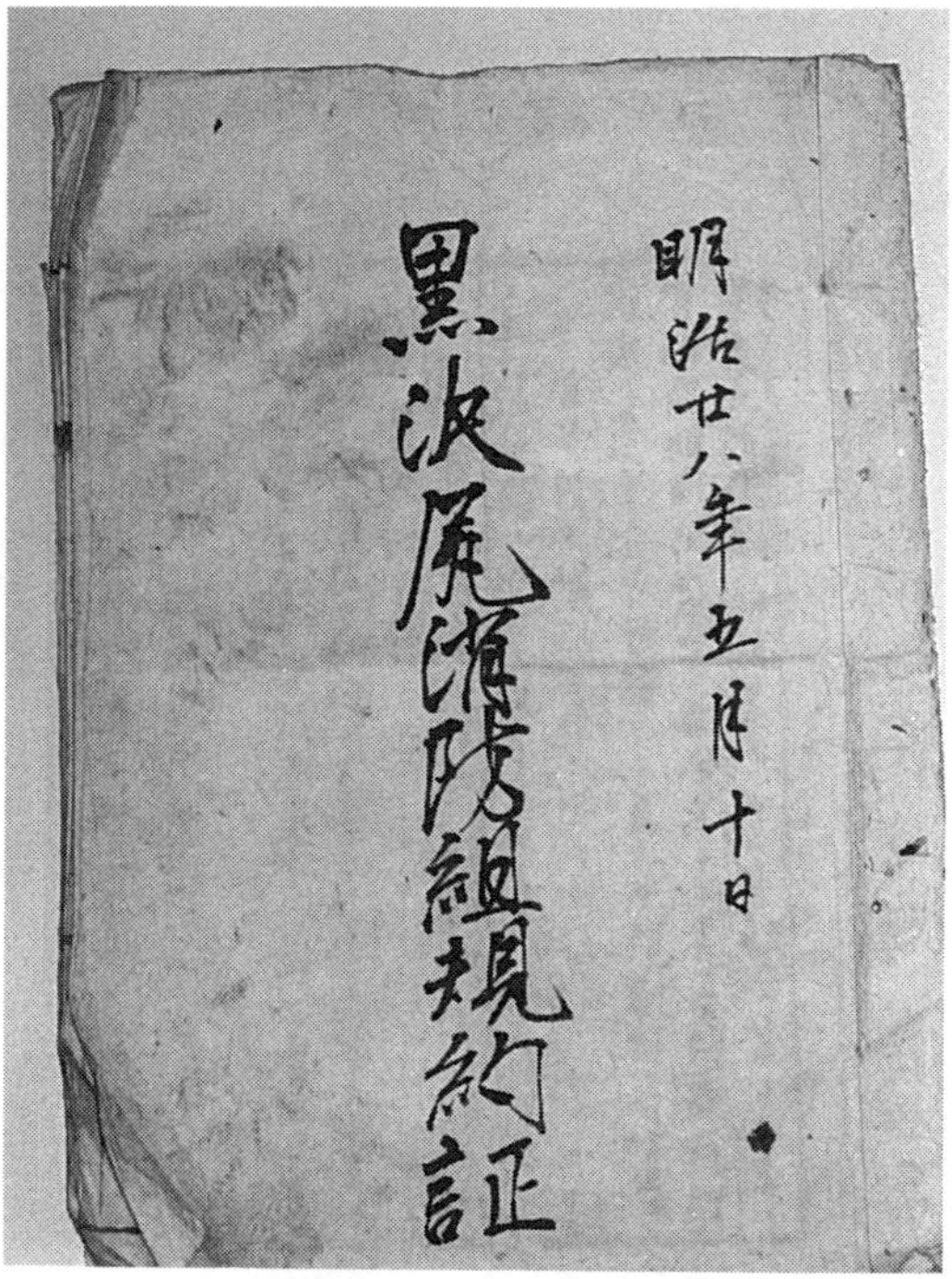

「公立消防組設立の規約証」の綴り
（北上市立博物館所蔵）

　消防組規則の主な内容について、次の五点を採り上げたい。

❶むらにおける消防組（私設消防組）は原則として認めない。全て市町村段階における消防組（公設消

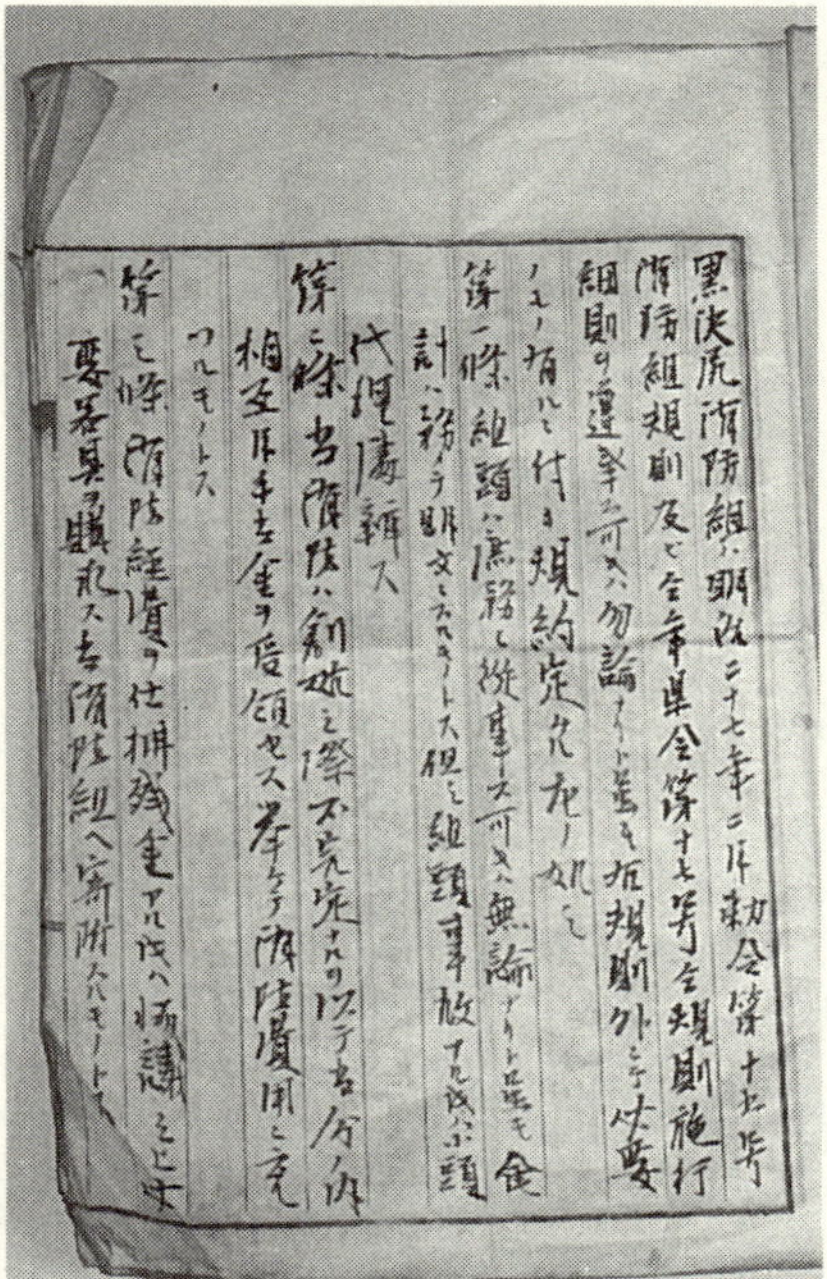

黒沢尻消防組ハ明治二十七年二月勅令第十五号
消防組規則及ヒ仝年県令第十七号仝規則施行
細則ヲ遵守スヘキハ勿論ナリト雖モ右規則外ニシテ必要
ノモノ有ルニ付キ規約定ル左ノ如シ
第一條 組頭ハ総務ヲ掌リ従事スヘキハ無論ナリト雖モ金
計ハ務テ明文ヲ示スモノトス但シ組頭事故アル時ハ小頭
代理ヲ為ス
第二條 当消防ハ創始ノ際不完全ナルヲ以テ当分ノ内
相互ニ手当金ヲ受領セス専ラ消防慣用ニ充
ツルモノトス
第三條 消防経費ノ仕払残金アル時ハ協議ノ上必
要器具ヲ購求スルカ消防組ヘ寄附スルモノトス

公立黒沢尻消防組規約の一部
（北上市立博物館所蔵）

防組）のみとする。

「私設消防組は官の許可を得たるものなると否とを問はず、又均しく、廃止せられたる上は、将来に於ては消防組規則に依って知事の設置したるものに非ざれば成立を許さざるなり」（要旨第三項）ということであり、むら消防組は禁止された。

明治二二年の行政町村の発足に伴い、ほとんどの府県で制定された消防組規則においては、その存在が認められていたむら消防組を「私設（立）消防組」と規定し、それを一切認めないということであり、公設（立）消防組をもって消防活動に対応するというものである。明治政府は発足して日の浅い行政村の運営を一日も早く軌道に乗せるためには、むら中心の生活の基本的な枠組みを組み替えなければならないという意図があり、そのためにも、むらの生活と深く結び着いたむら消防組の存在を否定する事が必要であるという政府の認識をうかがい知ることができる。しかも、これまでは市町村条例によって設置されていた消防組を府県知事の設置認可とすることにより、各府県段階におけるより統一性が図られた。

❷消防組織は警察の補助機関であること。

火事の現場では、「消防組ハ警察官ノ指揮ニ従ヒ進退スヘシ」（規則第六条）ということに加えて、「平素に於ても厳重なる警察官の監督に服せしめんと欲す」（要旨第七項）という内容が追加された。すなわち、消防組員は消防活動以外の日常行動全般わたって警察の監督が強化された。しかも、「組頭」「小頭」は各府県の警部長かその委任を受けた所轄の警察署長、「消防手」は所轄の消防署長がそれぞれの命免権を持つことになった。すなわち、消防組が警察の補助機関であることを明示したのである。

❸消防組織に係る費用は市町村の負担とすること。

「消防組ニ関スル費用ハ其ノ市町村又ハ町村組合ノ負担トス」（規則第十三条）とあり、消防組員に対する一定の手当・賞与や被服の供与、さらには消防組に必要な器具及び建物等に係る一切の費用については市町村の負担となった。しかも、特別な事情によってむらに組織される消防組についても、その費用はあくまでも市町村の負担であり、そこに住む住民からの「特別税」や「付加税」による徴収も認められた。このように消防費用が市町村負担となったことから、市町村独自の対応が可能となり、結果的には寄付行為の拡大、さらには町村の財政事情から消防組員に対する手当の支給の見送り等の処置も容認されることになった。

❹消防組織に名をかりて集会、運動は厳禁とすること。

「消防組ノ挙動治安ニ妨害アリト認ムルトキハ府県知事之ヲ解クコトヲ得」(規則第十条)、さらに「消防組ハ水火災警防ノ為メニアラサレハ集会若クハ運動スルコトヲ得ス」(同第八条)の二つは、消防組の全ての行動は警察の指示に基づいて行われることを条文化したものである。これは、従来の消防組の活動が必ずしも災害救助ということに止まらず、時には徒党を組んで反政府的行動を取る場面が少なくなかったことを踏まえた規定である。消防組独自の行動を禁止し、あくまでも警察の補助機関であることを重ねて強調している。

❺消防組と水害予防組合との間に明確な区別が行われたこと。

「消防組ハ其ノ区域ノ水火災ト雖警察署長ノ指揮ニ従ヒ其ノ警防ニ応援スヘシ」(規則第六条)の規定からすれば、消防組の任務は水火災において生じる治安の動揺への対応ということになる。そのことからして、消防組と水害予防組合の両者の対応に明確な違いは見られない。しかし、要旨第二項では、消防組はあくまでも消防組員を指揮し常設の国家機関であり、水害が発生した際に防禦及びそれによって生じる治安の不安定さを取り除くことを主たる任務であると規定しているのに対して、水害予防組合は地域内の一般の人々を指揮するものであり、その行動は水害予防にのみ限定される市町村の自治の法人であると両者をはっきりと区別している。

「消防組規則」は、消防章程以降の消防に関するさまざまな規則の延長線上に位置していることは言うまでもないが、むら消防組が否定されたことに大きな特徴がある。当時、明治政府は統一基準を遵守させるためには、むら消防組の伝統的な枠組みは多くの問題を孕んでいるという認識を強くもっていたことがその大きな理由であろう。しかしながら、公立消防組の運営費が慢性的な財源不足に当面していた行政市町村によって賄われるということからすれば、むら消防組の否定ということは現実的にはかなり困難であったことは当初からある程度は予測されたことでもあった。

第一消防歌（明治二八年一月作）

―静岡県河野村―

時に明治の弐拾有七年二月九日は　勅令十と五号にて
消防組のおきてをば　定められたる其の日なり　いともかしこき勅令の
其のあらましを申さんに　水火の災を防ぐ為　村にも町にも設けられ
人の多少に随ひて　部とか組とか別ちあり　消防手となるものは
年は十八以上にて　体格強く行ひの　人の模範となる者ぞ
之に伴ふ諸道具は　提灯さすまた水桶に　喞筒は然も土台なり
梯子に斧やかなてこや　凡ての道具不足なく　揃ひも揃ふのこぎりの
歯なみのごとく揃ひてぞ　後れず進め人々よ　後れず進め人々よ
鳶口荷ふ其様は　村田の銃を肩にする　つはものまごふ扮装ぞ
御国を守るつはものと土地を守もれる消防手　まごふも元より道理なり
ふだん忘れぬ用心は　提灯ろうそくすりつげき　わらじ衣類の諸道具を
まとめて置て暗の夜も　明るき真昼は尚の事　ろうばいせぬこそ大事なれ
すはや事あり繰出の　かねの音急になるときは　手早くしたく整へて
いだてん走りに走りつゝ　早くげんばへはせて行け　黒煙四方にうづまくも
何恐れんや消防手　ほのをは天を焦がすとも　物の数かは消防手
鎮火の鐘のなるまでは　たゆまず屈せずはたらけや　たゆまず屈せずはたらけや

（『静岡県消防のあゆみ』）
（・は筆者注）

(8) 各府県の消防組規則の制定

消防組規則の制定に伴い、翌(明治二七年)二月一〇日には内務省令第一号として、全二二ヶ条からなる「消防組施行概則」が施行された。それに基づいて、数ヶ月後にはほとんどの府県で消防組規則が制定された。

◆消防手の年齢と加入条件

消防組施行概則の第四条においては「消防手ハ年齢満十八年以上ノ男子ニシテ平素行為粗暴ニ渉ラス身躰強壮ナル者ヲ選フヘシ」と規定され、各府県の施行細則もそれに準拠した。消防手の年齢については、これまでは全国的にもまちまちであり、下限については一五歳から二〇歳までとそれほどの違いは見られなかったが、上限については四〇歳代が多かったものの、五五~六〇歳という所も少なくなかった。

また、不適格な消防手の条件については具体的に次の四項目が提示された(第六条)。

一、公権剥奪若クハ停止中ノ者
二、禁治産中ノ者
三、公費ヲ以テ救助中ノ者

四、懲戒処分ニ依リ消防手ノ職務ヲ免セラレ満三年ヲ経過セサル者

これらの内容に加えて「消防組成立上ハ村内ニ於テ決シテ事故無之様相守ル者トス、若シ村内ハ不及申組頭ニ立向ヒ悪意悪言ナス者有之節ハ、村ノ評議ヲ以テ処分スル者ナリ」（明治三六年、大阪府豊能郡豊能町吉川地区火災消防夫規約第九条『豊能町史・資料編』）ということからしても、消防組員は日常生活における「品行方正者」であることが常に求められており、村長や小学校校長といったむらの名望家、さらには所轄の警察署長の意向が強く作用した。その意味においては、消防組員はむらの模範生であることが期待された。

◆消防組の定員

定員については、それぞれ府県での「消防組規則施行細則」に任せられた。千葉県では「四〇名以上」、富山県では「三〇名以上」という規定がなされていた。鹿児島県では、人口に応じて「一等消防区」は六〇名、「二等消防区」は四二名、「三等消防区」は三三名の三区に分けられた。その後、各府県では、消防組規則施行細則の変更が行われており、定員は増える傾向にあった。

◆必要な消防器具

消防組における必要な消防器具についても各府県によって多少のばらつきは見られたが、「喞筒あるいは雲竜水」に加えて「水桶類」「鳶口」「刺又」「斧」「釣縄類」「竹梯子」等が

基本的なものであった。喞筒（腕用ポンプ）については雲竜水とは比較にならないほど高性能ではあったものの、かなりの費用を要するために雲竜水の使用も許容されたものと考えられる。

(9) 公立化パターンと進まない公立消防組の設立

消防組規則の制定に伴い、公立消防組の設立は急務の行政課題となった。その公立消防組の成立過程を見ると、ひとつは既存の消防組織とは一線を画し町村段階に新しく組織化されたもの（「新設型」と呼ぶ）と、既存のむらの消防組をそのまま公設消防組に昇格させたもの（「再編型」と呼ぶ）の二つに大きく分けられる。実際には、ほとんどが「再編型」に属していた。再編型というのは、行政村成立に際して中心的役割を果たしたむらにおける既存の消防組をそのまま行政村の公立消防組として認可するものであり、既存のむら消防組の名称の変更ということに止まるものであった。いずれにしても、当時の消防組の機械レベルからして、公立消防組が町村内の全域をカバーすることは到底不可能であった。そのため、公立消防組と既存のむら（私立）消防組との関係においては、むら（私立）消防組を公立消防組の下部機構として位置付ける「部制」ということも見られたが、消防

宮城県における公立消防組設置の推移

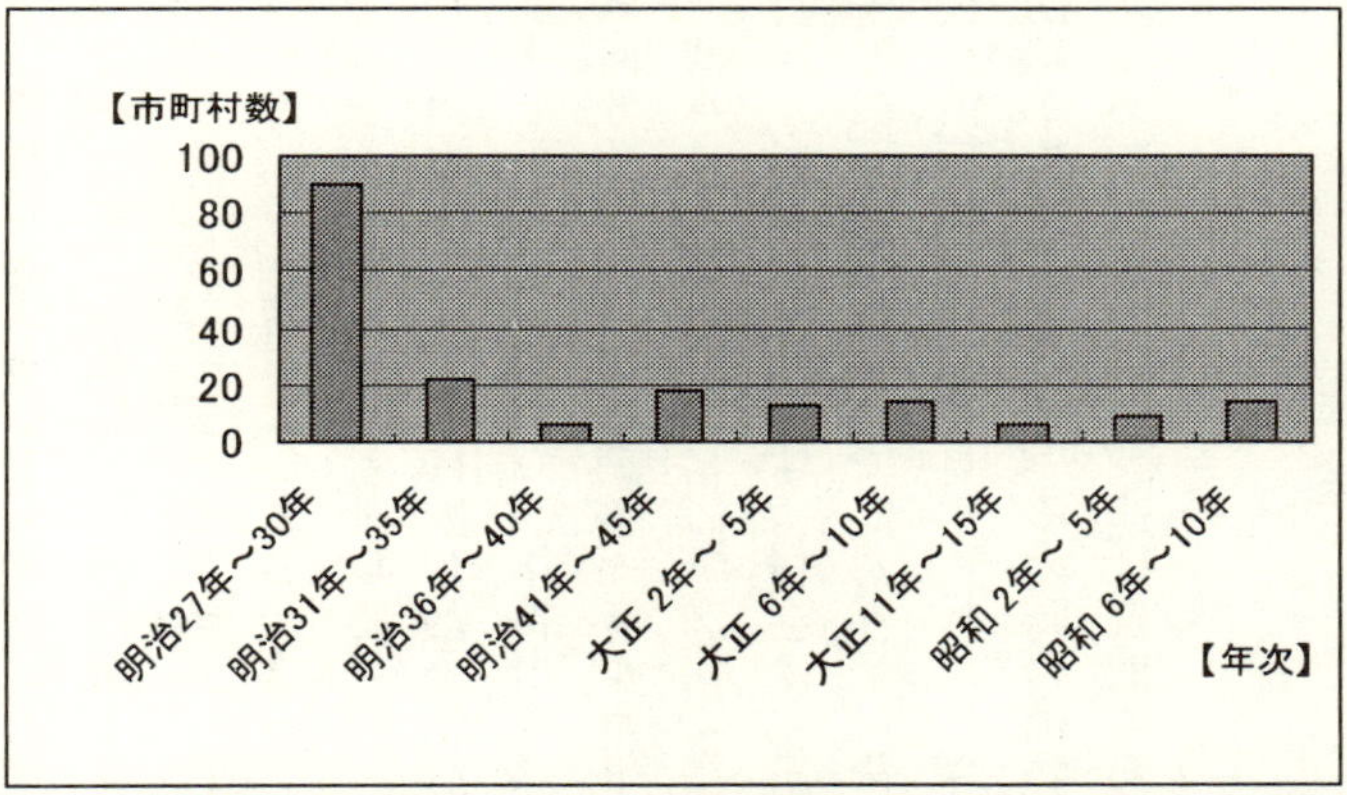

『宮城県消防発達史』（佐藤亀齢著）及び『宮城県消防史』（宮城県消防協会）より集計

組員の定数増加に伴い消防関係予算が増加するため、早い段階においては、このような部制はほとんど採られなかった。むしろ、むら消防組は旧態同然に存在し続けたのである。そのため、消防組規則の制定以降においても、町村内では公立消防組と私立消防組の併存という状況であり、公立消防組の成立した町村においても、私立消防組の公立化編入という問題はしばらくの間、付きまとったのである。

宮城県では、明治二七年五月一〇日に県令第一九号により「消防組規則施行細則」が公布され、五月二二日には県令二〇号により三六組、同年九月一九日には県令第三七号により三四組のに公立消防組が成立した。この一年間における公立消防組の設立は全県下市町村のおよそ四五％程度にも達している。消防組規則が制定されたその年に、千葉県では四一組、山梨県では一八組と各県によって大きな違いはあった。

全国的趨勢としては、明治期においては日露戦争直後に急増する傾向が見られた。それは各府県の警察の指導によるものであり、そのため、明治末までに千葉県では一〇八組、山梨県では一八二組にも達している。

しかし、明治政府が当初目指した公立消防組の設立は、町村の財源不足によって思うようには進まなかった。明治四四年香川県は同県大川郡石田村に対して「被服ハ同則ノ期限ニ依ラズ何分ノ通知アル迄調整セザルコトヲ得」「常時及臨時手当ハ経費ノ都合ニヨリ当分給与セザルコトヲ得」（香川県『寒川町史』）という譲歩案を提示して公立消防組設立の要請を行ったにもかかわらず、村会は「石田には大板屋の救済会が活発に活動し、万一の場合も支障なく、村の中央ではあり、村費補助もしているので村設消防の必要なし」と回答し、公立消防組の設立は見送られた。さらに、岩手県岩手郡雫石村では、明治二七年に公立消防組ができたものの、その時の消防予算は四〇円に過ぎず、必要器具を揃えることは不可能であり、被服費の調達は自前であった。

⑽ 公立消防組設立の延期問題

消防組規則が制定された直後、ほとんどの府県では比較的人口規模の大きい町村に対して公立消防組の設立を強く求める傾向があった。そのため、差し当たりは名目上公立消防組を設立するという動きが見られた。宮城県では、消防組規則が制定された明治二七年には、県下「二二」の町の全てに公設消防組の設置が行われた。もちろん、それに伴い、行政町村からの財政支出の増加は当然であった。宮城県亘理郡亘理町では、明治二七年五月二二日の県令によって公立消防組が設立されたものの、間もなく町議会において「亘理町消防組合設備当分見合セ願ノ件」が採り上げられた。結果的には、「本年五月県令第一九号及第二〇号ヲ以テ消防組設置ノ件ヲ達セラレシガ其達ノ結果トシテ本町ニモ五〇人ノ消防組ヲ設置スベシト指定セラレタリ然ルニ右県令ニヨリテ設置スベキ消防組ノ費用ハ想フニ寡少ノモノニアラザルガ如シ、当今本町ニ於テ自治上ノ負担ニ係ル金額ハ実ニ弐千五百余円ノ多額ニシテ中民以下ノ者ニアリテハ殆ンド堪エザルノ観アルニ至レリ、サレバ該消防組設置ノ件ハ当分見合セラレンコトヲ県知事ニ対シ哀願セントスルノ建議ヲ提出セシガ賛成アルニヨリ該建議ヲ採用シテ議題トナシタルニ満堂異議ナク哀願書ヲ捧呈スルコトニ決定」（宮城県『亘理町史・下巻』）という議決が行われている。すなわち、町は公設消防組の設立に伴う二、五〇〇円の財政的負担は大きすぎるということを理由として、一旦は県令によって設立された公立消防組の決定を棚上げするというものであった。山口県厚狭郡須恵村でも、明治三〇年に村議会で公立消防組設立の決議が行われたもの、村財政の関係から公立消防組が設立されたのはそれから一〇年後の明治四〇年であり、しかも必要経費の六〇〇円は村の有志寄付によるものであった（山口県『小野田市史』）。このように、公立消防組の運営費を財政で負担することができないために、有志寄付や消防組員の手当の支給を行わないということで、公立消防組が維持される例は多かった。それゆえ、公立消防組は設立当初から理念と現実の対応に大きなギャップが見られた。

⑾　私立消防組の公立化編入過程

公立消防組の設立や編入に伴う財政の支出の増加を最小限に押さえるために、設立及び編入の条件として、むら消防組が公立消防組設立に必要な一定水準の消防設備を具備した時点において、それを認めるという措置を採る町村は多かった。その際、むら消防組が行政町村議会に対して「寄付採納願い」（一般的には「指定寄付」と言う）を提出し、その議決を経て認められるというものであった。

宮城県黒川郡大衡村では、明治四二年四月に公立消防組が設立されたものの、中心部から遠距離に位置する大森地区は長い間、私立消防組の状態であり、大正の中ころから公立編入問題が大きな関心時として浮上するようになった。その具体的動きは大正一五年一二月一四日付けの村長宛の「請願書」をもって始まる。

本回ハ大森区全戸ノ青壮年者ヲ網羅シ主トシテ警火及ビ財産保護ノ任ニ従事致シ居リ候処従来完全ナル火防器ノ設備ナキハ甚ダ遺憾ト致シ居ル次第ニ候殊ニ先年畏モ御真影奉安後御守護上当春村有林ノ警火巡視ニ際シテハ一層必要ト認メラル候ニ付願意御納採特別ノ御詮議ヲ以テ当区適当ト御認ノ火防器一台御設備相願度会員一同ヲ代表シ此ノ段奉請願候

尚ホ設備後ノ経営維持費ハ総テ本会ニ於テ支弁可仕候コト

消防設備の不完全さを訴え、公立消防組編入後の組織運営の維持費の負担はむらが行う旨の内容をもって公立消防組編入の請願を行ったものの、村議会は財政難を理由にそれを不採択としている。

その後、昭和七年一月二八日に村議会に対して、消防班長、同区長、大衡村消防組頭らの連名のもとに再度請願書が提出された。その際は、編入の「条件」として次の内容が付記されている。

「条件」

喞筒一台

消防用器具機械一式（付属品ヲ含ム）

喞筒格納庫壱棟寄附スルコト

其ノ他ハ村負担ノコト

すなわち、編入に際しては当時の大衡村の公立消防組と同等の消防設備を地区が完備することを付帯条件として提示したのであった。この請願は村議会で採択され、ここに大森地区は四半世紀を経てやっと編入が認められた。

また明治四三年、長崎県北松浦郡大島村でも、二四二円の補助と消防器具の寄付を申し出ることによって公立消防組の設立が認められている（長崎県『大島村郷土誌』）。公立消防組の「設立」「編入」に際して、「指定寄付」という形式をもって許可されるという例は全国的にも数多く見られた。大正時代以降、特に消防器具の更新時にはそのような措置が採られる傾向があった。

⑿　新たに創設される私立消防組

明治三〇年代においても、独立した消防組が組織化されず、契約講の一機能の段階に止まっているようなむらも見られた。そのため、消防機能を充実させるために、町村は所轄の警察署の同意のもとに、むらに対して私立消防組の設立を要請することもあった。

本村ニハスデニ公設消防組アルモ面積広大ニシテ其ノ部落散在シアルヲ以テ一ツ団体ニテハ容易ニ其ノ急ヲ救フニ困難ナリキ殊ニ当区ハ何レモ南端ノ小部落ニシテ隣村トシテハ吉田荒浜亘理町ニ接近シアルモ何レモ数十分経過セザレバ到着不能ノ況ニテ一朝有事ノ場合ニハ小難ヲ大難ニ到ラシメルノ止ムナキ実状ニアリ、茲ニ於テ大正五年九月我々同志五名発起人トナリ水火災警防ノ為メ私立消防組ヲ組織セントス其ノ方法考慮中ニアリシカ当時鷺屋駐在所巡査□《人名》ニ之レヲ□知シ其ノ成立ニ関シ柴町ト高屋連合ノ組織可トノ意見ヲ以テ頗ル熱心ニ後援セラリタリ（宮城県亘理郡逢隈村消防関係調査簿）

逢隈村は、地形の関係上、各むらが点在しておりむら独自の消防組が必要であったこと、さらに喞筒の機能性からして行政村の全域をカバーすることが難しかったこと等がその主な理由としてあげられている。しかも、当時の町の財政事情からして、直ちに公立編入は不可能であった。

一方、北海道雨竜郡雨竜村では明治四四年に大火に見舞われたのを教訓として、有志の寄付によって喞筒の購入が図られ、私立消防組の設立が企図された。しかし、北海道庁はあくまでも村に対して公立消防組設立の要請を求めた。それに対して「私設消防設置に対し過般道庁警防長より深川警察署を経て公設組織に変更すべき様交渉し来りたる由なるも公設消防に依りて増加すべき村税の負担は極めて苦痛なるを以て見合せの外なかる可し」(明治四四年四月一五日「小樽新聞」、北海道『雨竜町百年史』)ということから公立消防組の設立は見送られ、私立消防組が設立されている。また、和歌山県日高郡印南町でも、所轄の警察署の協力によって、明治四五年在郷軍人印南分会を中心として「就実講」(頼母子講の一種)が結成され、その基金八〇〇円を元にして私立消防組が組織化された(和歌山県『印南町史』)。

第四章　消防組頭はむらの有力者

消防組規則制定以降も、消防組に係る運営経費の多くはむらに依存するいう傾向は変わらなかった。特に明治二〇年代後半から三〇年代にかけて、多くの町村では腕用ポンプへの切り替えの時期でもあり、それに係る費用は消防組に新たな負担増をもたらした。その捻出にあたっては、「自分たちのむらは自分たちで守る」という大義名分により寄付行為がこれまで以上に行われた。それは、表面上は任意の寄付であっても、むら全戸の拠出を原則とし、むらの決定は強い拘束力を持った。その際、地主や自作農といったむらの上層農の寄付額が多くなるのは言うまでもなく、それは浄財的な意味合いを持ち、むらにおける発言力を強め、結果的にはむら支配の正当性をも裏付けた。むらにあって、「組頭は消防組のめんどうを見ることのできる者でないと勤まらない」とさえ言われたのもこのころからである。日清・日露の二つの大戦のなかで災害は頻発し、消防活動の必要性を強めていった。そのためにも、消防組や消防組員の犠牲的活動は一層鼓舞されるとともに、表彰制度は拡充された。それは本人のみならず、一族あるいはむら全体の名誉として受け止められた。

明治末年ころの消防組連合演習順序

（群馬県勢多郡宮城村）

一　十月五日午前七時各消防組ハ大胡町市街ニ参集シ所定ノ位置ニ整列スベシ
二　整列順序
三　一番荒砥　　二番宮城　　三番粕川　　四番大胡
四　組頭人員報告
　　点検
　　終テ大胡町尋常小学校々庭ニ順次参集シ所定ノ位置ニ西面ニ整列スベシ
　　但各組部毎ニ二列横隊
五　隊列運動
　　分列式（二列横隊）
　　各組部毎ニ施行ス　終テ再ヒ大胡町市街所定ノ旧位置ニ参集ス
六　休憩
七　喞筒試検大胡町明武館前通リ南端ニ建設ノ標的三個ニ対シ順番喞筒各壱台ツツ五分間水勢ヲ試検シ
　　水力竿頭ノ標的ニ達シタルモノヲ優勝トス
八　休憩
九　駈足競争
　　一　出場準備駈足　四回
　　二　駈　　足　四回
　　但一回選手十人ツツトシ到着点ニ達シ小旗ヲ持チ帰着シタル一、二、三ノ者ヲ勝チトス
十　終テ役員一同ハ明武館ニ集合シ署長ノ訓示ヲ受クルモノトス
十一　解散

（群馬県『宮城村誌』）

「喞筒手」着用の法被
（宮城県南郷町・
只野戸久男氏所蔵）

ソリで運んだ腕用ポンプ
（北上市立博物館所蔵）

(1)「龍吐水」から「腕用ポンプ」へ

明治八年に、東京で初めて使用された「腕用ポンプ」（フランス型『乙号』・ドイツ型『甲号』の二種類）は、急速に普及した。それは、水力の高さがおよそ一五間（三〇メートルぐらい）にも達し、「龍吐水」とは比較にならない威力を発揮した。しかしながら、「腕用ポンプ」の一台当たりの価格は五〇〇円前後と高額であり、しかも、それを収納する「ポンプ小屋」の

腕用ポンプ
（北上市立博物館所蔵）

建設費や維持・管理費、さらには定期点検や修理に係る費用もかなりの額に達した。宮城県内では、明治一〇年に仙台警察署管内で甲号ポンプが初めて使用されたが、ほとんどは明治二二年の行政村成立以降であった。当時、宮城県内で消防力がトップクラスと言われていた柴田郡大河原町の消防組において甲号ポンプが導入されたのは、明治二三年一二月、そして、乙号ポンプは同二七年一〇月であった。一方、その費用を捻出できないむらでは、腕用ポンプよりは多少性能的には劣るものの、金額的にも五〇円前後の「雲龍水」（木製の手押しポンプ）を購入する例も多かった。

腕用ポンプの普及により、道路の整備と火防用水の確保が求められた。道路の整備には、大正八年の道路法が制定以降本格的に行われるようになったが、大正三年に愛媛県東宇和郡明浜村では幹線道路をこれまでの二倍の六尺幅（およそ一・八メートル）に改修する工事が行われたが、労力提供やその費用の負担について、ほぼ全面的に消防組に依存するものであった。

また火防用水の確保については、日露戦争直後の明治四二年二月二日、新潟県古志郡荷頃村比礼区の区総会において、「消防用水溜ハ来ル旧三月十八日ヲ期シ各監督者ニ於テ浚渫修理スルコト」「火防用井ハ個人使用ハ絶対禁止スル事」（新潟県『栃尾市史・中巻』）という決議にも見られるように、その取り扱いにかなりの制限が加えられている。

それは、破壊消防から消火消防への移行を決定づけた。そのため、大正以降に制定された各府県の消防組施行細則においては、消防組における必要消防器具から鳶口や掛矢といった破壊消防当時のものはほぼ姿を消した。

(2) 拡大する寄付行為

「喞筒」購入の際の費用の捻出については、公立消防組であっても町村財政からの支出はかなり難しかった。そのため、公・私消防組の如何を問わず、むら人からの寄付にかなりの部分を頼らざるを得なかった。

◆むら全戸を対象とする寄付行為

明治三四年、宮城県遠田郡大貫村において、「龍吐水」に代わって新たな消防器具として「雲龍水」の購入が計画された。その際、全戸に配布された寄付要請の「趣意書」（一部）は次のとおりである。

夫レ然リ而メ万慮ノ一失時ニ或ハ失火アルヲ免レズ今其レ火災アリト假定セヨ祖先伝来ノ家財什器モ数千万ヲ費シテ辛苦艱難経営セシ宏壮ノ家屋モ祝融回禄暴威ヲ逞スル暁ニハ一瞬時ニシテ数千万ノ貲宝鳥有廃燼ニ帰スルニアランニハ其不幸孰レノ日カ之ヲ償フヲ得ンヤ本會々員諸君既ニ茲ニ見ル所アリテ曩日ニ既ニ火櫓ヲ興シ又数十挺ノ龍吐水ヲ購求シ万一ニ備フルアリトイヘドモ未ダ以而不完全タル感ナキ能ハズ何トナレバ之ニ伴フ諸器具非ラザルヨリ良器モ為メニ活動ヲ全フスル能ハズ功ヲ一簣ニ欠クノ憾アルハ実験上既ニ明カナル次第ナリ

故ニ本会ハ昨年此不足ヲ補フニ務メタリ然レドモ僅少ノ経費スラ之ヲ出スニ苦メルモノ又如何ゾ多額ノ費用ヲ投ジ是ヲ購求スルノ余力アランヤ故ニ因循姑息荏苒ヲ空費スル数年然ルニ頃日各地方火災ノ甚タ多キハ新聞紙上ノ報ズル所ナリ嗚呼生命財産ヲ犠牲ニ供スルモ幾何ゾヤ殷鑑遠キニ非ラズ仙台市ノ勧工場ノ如キ東京市大学病院ノ如キ其他貴重ノ財産ヲ消失スル者枚挙ニ遑アラズ目下ノ計ヲナス豈因循姑息噬臍ヲ貽スノ時ナランヤ

本会ハ天ノ雨降ザルニ戸ヲ綢繆スルノ格言ニ倣フテ一切ノ困難ヲ排除シ遍ク本会員ノ有志に募リ左ノ諸器具ヲ新調シテ以テ非常ノ虞ニ備ヘント決ス協同一致財産ノ保護安全ヲ企

図スル蓋亦止ムヲ得ザルニ出ヅル也
本會々員タル諸君余輩ノ希望ヲ容シ奮テ応分ノ寄付アランコトヲ希フ
一　団旗　一　火笊　一　制札　一　梯子　一　呼子　一　雲龍水

すなわち、費用の関係上腕用ポンプの購入は不可能であり、「雲龍水」の購入が計画されたことがうかがわれる。その拠出に際して、むらの全戸を対象として「応分の負担」が求められた。火事に常に付きまとう「延焼」や「出火元の可能性」ということが強く訴えられている。さらに、表面的には任意の寄付とはいえ、実際は雲龍水の購入に必要な寄付総額がはじめに算出され、その額に見合った金額を各戸の県税割等級を基礎にして算定される、いわゆる「見立割制」が採られている。各戸に回覧される寄付額記入の綴りに見られる「横並び」と称されるやり方はそれを具体的に示している。

このように、むら全戸を対象とする寄付行為においては、しばしば「見立割」が採用されたが、その際、各家の金額はむらの有力者を中心として決定された。しかも、その納入については強制力を伴い、違反者に対してはさまざまな罰則規定が定められた。むらで決定された寄付金を納めることができない場合は、その班（組）の連帯責任が問われたり、あるいは未納者に対して一定期間の労力の提供を課すこともあった。大貫村協同会におい

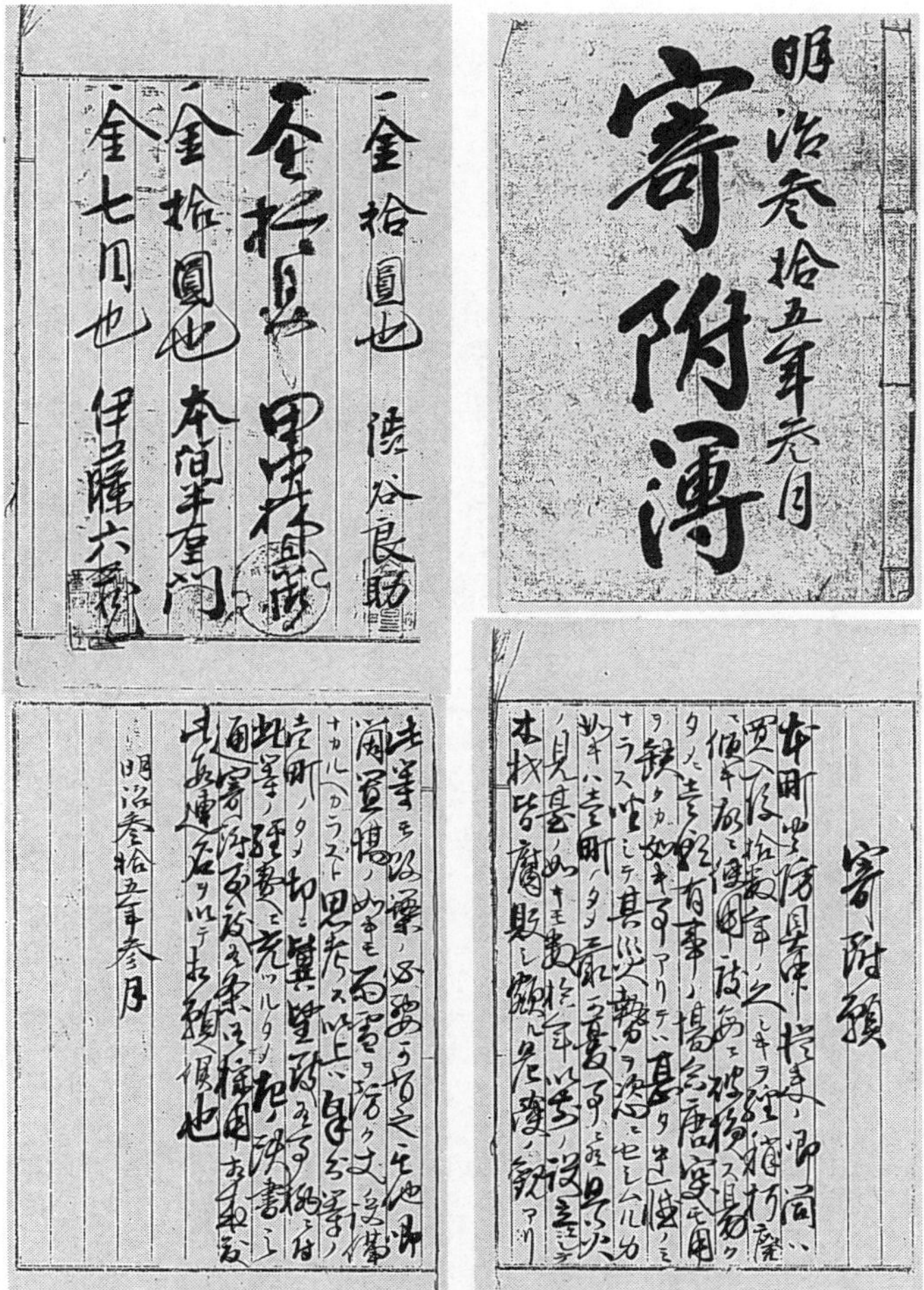

喞筒購入に際しての寄付願い書の綴り
（宮城県中新田町役場所蔵）

ては「寄付金未納者ヨリ取立テ其金ヲ利息付キトシ貸付ク可キ」として年率二割にも達する高金利を課しており、罰則的な意味合いが含まれていたことは明らかである。

◆消防組員やむらの有力者からの寄付

個人的な寄付行為が行われる場合は二つに大別される。その一つは消防組員を中心として年報酬や出場手当等を町村に拠出する例である。宮城県名取郡茂ヶ崎村では消防組幹部を中心として明治四二年から一四年間という長期間にわたってそれらの積み立てが行われた。また同県柴田郡大河原町では、明治三四年以降、消防組員に支給される全ての手当や賞与が消防基金として町の警備費や大火で消失した小学校の再建のために提供されたりもした。このような例は全国各地で見られたものであり、多くの場合、町村の年度当初の消防予算には一定額が計上されるものの、実際は消防組員には支出されず、その金額は町村への寄付金として処理された。もう一つは、地主や自作農の上層農、あるいは豪商、さらには大正の中ころにむらで生産を開始した会社や金融機関等からの寄付の例が挙げられる。これは、比較的火事の多発するむらで見られる傾向があり、むらの有力者にとっては自らの財産を守るために、消防設備の近代化は緊急性を有していた事が大きな理由としてあげられる。特に、上層農による多額の寄付は、消防組の運営にもその意向が強く反映されるようになり、自ら消防組頭となる契機ともなった。

宮城県逢隈村歳出に占める警備費の割合

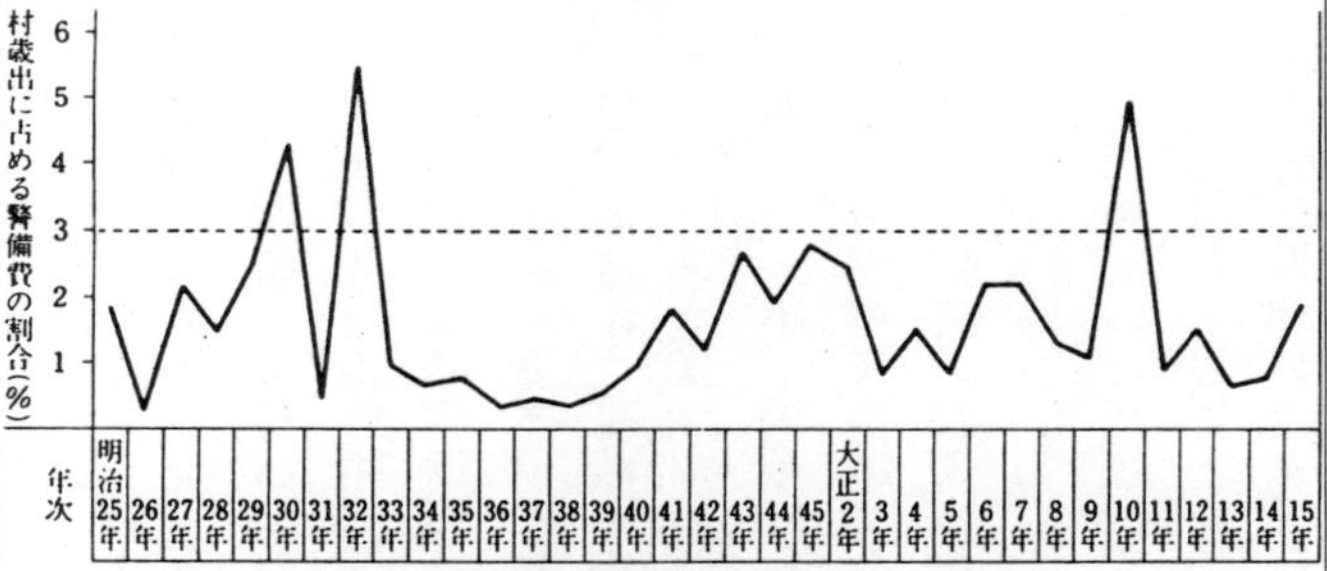

『逢隈村村会議事録』より集計（役場資料）

(3) 少ない町村消防予算と消防基金の造成

全国町村における警備費の全歳出に占める割合は明治三〇年代にはほぼ一％前後で推移しており、同四〇年代には日露戦後処理ということからも三〜五％と増加した（前掲『明治のむら』）ものの歳出費目の中では最も低いほうにランクされていた。町村によっては明治期を通じて消防予算がほとんどゼロに近いという町村も珍しいことではなかった。そのため、喞筒のような消防器具を購入するにあたって寄付に頼るということは、日露戦争後の窮乏した町村財政下においては、より強まる傾向にあった。しかし、町村が大きな災害に見舞われた直後では町村民に多額の寄付行為を課すことは問題も多かったため、長期間にわたって、必要経費を積み立てるということが行われることもあった。宮城県栗原郡藤里村では、明治四五年に「藤里村消防組基本財産蓄積条例」が制定されている。

第一条 本村ハ本条例ノ規定ニ依リ消防組基本財産ヲ蓄積ス
基本財産ノ蓄積ハ其収入ヲ以テ警備費ノ経常歳出ニ充ツルヲ得ル迄ヲ期限トス

第二条 左ノ収入ハ消防組基本財産ニ編入ス

一、消防組基本財産ヨリ生スル収入
二、消防組基本財産指定寄付金
三、消防組ニ属スル物品売払代
但シ予算ニ於テ歳入ヲ見込タルモノハ除ク
四、一ヶ年一戸金拾銭以上ニ当ル金額
但シ事業繰越又ハ停止ノ為残余トナリタルモノハ前項ノ外村会ノ決議ヲ経テ臨時ノ収入ヲ消防組基本財産ニ編入スルコトアルベシ

そして、第三条においては、「農作物ノ収穫平年作ヨリ五分以上減収ノ年」には、積立を停止あるいは減額することを定めている。

新たに特別税や夫役が課せられることになり、結果的には、村民に負担増をもたらしたものの、一時的な拠出金額が少ないこともあり町村民には比較的受け入れ易いものであった。岩手県紫波郡雫石村においては、明治二九年から喞筒購入のための一〇年計画が策定されたのもそのような例である。

兵庫県宍粟郡千種村では、明治三九年三月の喞筒購入に際して、当初予定していた寄付金が集まらなかったため、「喞筒（則代百十五円）ヲ購入セント　発起人者数名寄附ヲ募リシモ　漸クニシテ六十円余ノ金ヲ繕イシモ　未ダ半額程ニシテ　全額ヲ調達スルノ途ナク　為ニ発起ノ尽力水ノ泡ト消エントス　依テ残額本村ノ補助ヲ仰ギ　火災ノ難ニ供シ度此段奉願候也」（同村惣代からの「御願」、兵庫県『千種町史』）として、村当局に対して新たな財政支出を求めるようなこともあったが、これはむしろ例外的部類に属する。ほとんどの場合は喞筒購入が先送りされたり、あるいは徴収された金額に見合う消防器具（例えば中古品で充当）の購入が行われるということが一般的であった。

(4)　地主が組織運営する消防組

消防器具の購入に伴う寄付に際して、上層農の負担額が多くなるのはこれまで述べたとおりであるが、地主の土地集積が強まる過程において、地主自らが消防組を組織化するということも多かった。「大きい財産家は一家で私設の消防隊を組織し万一に備えられた、その多くは明治末年、あるいは大正年代まで継続されていた」（秋田県『雄物川町郷土史』）、「明治四〇年代初頭には、高向区のM家が、喞筒を個人的に備えていた」（三重県『御薗村誌』）、さらに宮城県遠田郡田尻町では、同町最大の地主のK家が最新式の腕用ポンプ一台を寄贈し、明治三一年に組員二六名をもって「田尻振義会」が創設されている。同町では明治二八年、二九年と二年連続して中心部を焼き盡す火事が発生し大きな被害を被り、既設の公立消防組（明治二七年設立）の消防力の低さが指摘されたこともあり、K氏を中心とした消防組の設立が行われたのである。そのような特定の個人を中心として組織化された、いわゆる「私人的消防組織」とも言うべき消防組織の成立については、次の二つの理由が考えられる。

第一は、当時、ほとんどの地主は「手間取り」と呼ばれる年雇いの奉公人を抱え込んではいたものの、所有地の拡大に伴いこれまで以上に所有地の警備強化と、米の集荷時期に保管する米蔵を警護する必要が生まれて来たということ。

第二は、地主が土地集積を拡大する過程において、小作人の間に土地を巡って、しばしばトラブルが発生している。そのような地主と小作人との間の緊張関係を多少なりとも緩和するために、両者の日常的人間関係をより緊密化する必要があったこと。この点につい

現在のＴ家の屋敷（宮城県小牛田町北浦村）

ては、以前から地主が小作人に対して、契約講をはじめとしてさまざまな寄り合いの場を通じて行われた物的援助は、両者の緊張の緩衝材としては有効に作用した。私人的消防組においては、消防ポンプの提供をはじめとして出初式等の消防行事の際の慰労としての酒食の接待、さらには米蔵の警備の消防組員に対する慰労等を通じて、多くの物的供与が行われる機会が増えた。その結果、組頭と組員の私的な人間関係がより緊密化し、小作人は地主を「ダンポ様」と呼称するようにもなり、両者間には「仲人親」、「名付け親」のような犠牲的親子関係にも似た間柄が生まれていった。

宮城県遠田郡北浦村のＴ家においては、明治四一年ころには、所有面積は約一三七町歩と最盛期を迎え、村内最大の地主へ成長した。

そのT家の働きかけにより、明治四〇年にT家の小作人を中心として誕生したのが「横埣・中組連合消防組」（通称は『T消防組』と呼ばれる）であった。

「**横埣・中組連合消防組規約**」（抄）

第一条　本組合ハ応急全力ヲ挙テ罹火災者ヲ救フヲ以テ目的トス

第二条　本組合ヲ維持スルタメ左ノ役員ヲ置ク
組頭 一名、係長 一名、世話係 四名、視察係 二名、小頭 三名、書記 一名、会計 一名

第三条　組頭ハ本組合ヲ統理シ一切ノ執行権ヲ有ス
世話係ハ諸般ノ盡力ヲ成ス者トス

第五条　役員任期弐ケ年トシ総会ニ於テ改選ス

第一二条　消防員ハ平常品行方正ナルベシ、消防員ハ親睦ニスベキ事、組頭又ハ役員ノ命ニ随フベキ事、各々職務ニ忠実ナルベキ事

第一四条　本組合ヲ益々強固ニスルタメ基本財産ヲ作ルベク田畑ヲ耕作スル事

第一五条　消防員ニシテ喧嘩スルカ、又ハ法律ノ制裁ヲ受クルカ其他甚タシキ道徳ノ罪人ト、組合員多数ヲ以テ認定シタル時ハ、断然本組合員タル資格ヲ失フ、而

シテ壱円以上拾円以下ノ金ヲ納付スル事

附　則

第一条　本規約第一四条ニ基キ、基本財産造成ノ目的ヲ以テ左ノ事業ヲナスモノトス

第二条　附則第一条ノ事業ヲ経営スル為メ左ノ事務ノ担当ヲ定ム

一、二は省略

三、組合員中事故ヲ生シ事業ニ従事セザル者有ルトキハ、欠勤一日分金参拾銭ノ割合ヲ以テ賃金ヲ徴収スルモノトス

第三条　事業ヨリ生スル利益ハ総会ノ認定ヲ経テ、総テ基本財産ニ組入ルルモノトス

このような私人的消防組の特質について、次の三点を指摘したい。

第一は、消防組組頭には地主自らが就任し、そのメンバーや主要な役員の選定はもとより、活動内容、さらには罰則の適用等についても全て地主の意向を反映するものであった。そのため、役員改選は行われない事が多かった。

第二は、消防組の名称については、対外的には具体的な地域名が付されることもあったが、むら内部では、地主名を付した消防組と称されることが多かった。そのことからしても、地主の個人的運営の意味合いが強かった。

第三は、地主の経済力にもよるが、消防設備は最新式のものが具備されており、消防力は行政村内にある公・私立消防組を凌ぐものであった。消防演習にも参加する機会も増え、しだいにむら人からの期待も大きくなった。

私人的消防組の設立は地主の私的事情という側面はあるものの、消防活動はむらを火事から守るという任務を有しており公共的な意味あいが強かった。しかも、地主がその運営に係る費用のほとんどを負担しているということからすれば、むら人には「授恩」として受け止められた。その当時、むらの名望家と呼ばれていた町村長や小学校校長の社会的地位は、ある一定の社会的手続きを経て得られたものであり、地主の経済的地位とは明らかに異なっている。しかし、地主が公共性の高い消防活動への積極的な関わりを通じて、地主の社会的地位に変化が生じて来るのは予想されることでもあった。その結果、地主が町村長という公的地位に就任する一つの足掛かりになるという例も少なくなかった。

私人的消防組は私立消防組の一形態と捕らえることはできるが、地主の意向が絶対的な意味をもっているということからして、私立消防組とは一線を画されるべきである。私人的消防組は在村地主において典型的に見られ、地主と小作人の日常的関わりを前提として成り立っているものであり、単に公立消防組の補完という機能のみで捕らえることはできない。

(5) 消防組の活動は警察と一体化

高　張　筐
（ちょうちんを入れておいた箱）
（北上市立博物館所蔵）

腕用ポンプが使用され始めると、より規模の大きいポンプ小屋の設置が必要となった。その建設にあたっては、上層農からの敷地提供を受けることも多く、所轄の警察の意向に従い派出所の近くに建てられることがしばしば見られた。ポンプ小屋の広さは五〜一〇坪程度で、しかも、廻番の際の休息所ということもあり、二階には部屋も設けられていた。そこは廻番の行われる時期以外にも若者のたまり場として利用され、時には若者の反政府行動の拠点と化すこともあった。そのため、消防組規則制定以降、これまで以上に警察の派出所に近接した場所が選ばれるようになり、また消防組のさまざまな活動に関する協議にも常に警察官が臨席する事も多くなった。警察にとっては、若者との日常的な接触を重ねることにより、「罹災後死体ノ蒐集及埋葬ニ関シテハ西閉伊郡遠野町消防組百四人義挙来集セルヲ機トシ之カ蒐集発掘ニ着手シ継テ附近ノ町村及ヒ西閉伊郡各町村ヨリ人夫ヲ蒐集シ警察官ト協力」（明治二九年の三陸大津波地震についての岩手県宮古測候所報告概要『釜石市史・通史』）に

昭和8年6月17日屯所の落成記念
（警察署と消防組の合同詰所）
（北上市立博物館所蔵）

見られるような行方不明者や不審者の捜索、さらには難破船救助等の活動においても両者一体化した行動がスムーズに展開される関係が形作られていった。そして、当時は警察署の管轄範囲の変更に伴い派出所が移転する際には、喞筒小屋も同時に移転されるということもあり、その新しい派出所の建設に際しては、むら人の労力提供も慣例化する傾向があった。さらに、夜

警にも警察官が同行するようにもなった。

(6) 大日本消防協会の成立と表彰制度の拡充

明治七年の消防章程における「消防組賞典」「消防組死傷扶助定則」の項においては消防組員に対する功労や災害補償についての規定はなされていた。その後、「頭取以下負傷シタルトキハ其ノ軽重ニ随ヒ懇切ニ取扱ヒ医員ヲ迎フル等ノ手続ヲ為スモノトス」（明治二〇年、埼玉県新座郡志木宿村中野組消防規約第二六条『新座市史・第五巻』）、「頭取以下火場ニ於テ消防ノ為メ医療ヲ求ムヘキ程ノ負傷者アルトキハ懇切ニ取扱ヒ相当ノ医薬料ヲ与フルモノトス、又死亡者アルトキハ弔慰金トシテ金三円以上金五円以下ヲ与フルモノトス」（明治二一年、埼玉県大里郡箕輪村消防規約第二七条『岩槻市史・近代資料』）、「消防組職員ハ消防ノ為メニ疾病若シクハ死傷シタ者アルトキハ村会ノ決議ニ依リ其手当ヲ給与ス」（明治二六年、福島県伊達郡山舟生村消防組設置決議書第十一条『梁川町史・近現代I』）等の規定は見られるものの、その内容にかなりの違いも見られ、かつ不十分なところも少なくなかった。それに加えて、日露関係の緊迫する状況化においては、消防組員の士気をより鼓舞する必要もあり、明治三六年五月には「大日本消防協会」が設立された。

「我消防界ノ特色タル大和魂的英気ノ推揮発揚ヲ奨励センカ為、職務上ノ傷病者及職務ノ為メニ殉セシ者ノ遺族ノ慰藉ニ関シ、我協会ハ大ニ同情ノ誠ヲ盡スベク、又勇烈殊功ニ対シテ之レカ名誉旌表ノ方法ヲ立テントス――――（一部略）。

即チ吾消防ノ常ニ義ヲ以テ他ノ難ニ赴キ猛火ト戦ヒ身命ヲ堵シテ人命財産ノ危難ヲ救援スル公共的行為ハ文武官僚ノ勲労ト択ブ處ナケレバナリ」。

初代会頭には当時の陸軍中将高嶋鞆之助が就任し、評議員には内務省関係者四名が名を連ねており、政府主導によって組織された事がうかがえる。

その条項のうち、「偉績功労ある者に対し頌表及名誉章を贈与する事」（規約第四条第一項）と規定され、消防組や消防組員の広範囲にわたる活動に対して表彰される機会が大幅に増加した。あらゆる消防活動は、町村民のみならず国家のために「奉公」かつ「犠牲的」活動として認識されたのである。それに対して、国家は「名誉」の称号を以て応え、国民に広くアピールすることを意図したのであった。その結果、表彰状を通じて国家と消防組員の間はきわめて近い関係となり、さらに消防組や消防組員の名誉は一組織や一個人に止まらず、町村民全体のものとして受け止められることにもなった。

それに伴い、各府県段階では旌表旗授与をはじめとして、消防組にとっては最も名誉なことと受け止められた金線馬簾の許可の機会も多くなった。その付与条件については各府県において多少異なるものの、「規律訓練」「消防器具の整理保存」「消火活動に対する取り組み姿勢」、さらに「大日本消防協会や県消防協会に対する寄付行為」等の功績に対して行われた。

明治四五年六月二一日、宮城県から仙台市消防組に対する表彰内容は次のようであった。

曩ニ規律訓練卓絶器具ノ整理保存等完全ト認ム纏ノ馬簾ニ金線二条ヲ附スルコトヲ允許シテ之ヲ表彰セリ爾来尚一層奮励常ニ防火設備ノ完成ニ努メ火災ニ際シテハ一致協力危難ヲ冒シテ他ノ延焼ヲ防止シタルコト数回ニ及フ等其ノ功労抜群ト認ムヘキモノアリ仍チ消防組規則施行細則第五一条ニ依リ纏ノ馬簾三条ヲ附スルコトヲ允許ス

仙台市消防組が授与された金線馬簾は、昭和八年までに「一五条」にも達した。福島県では、昭和七年までに「三〇条以上」の金線馬簾を授与された消防組は「一二」（内三ヶ村は合併以前も含む）を数え、しかも県下全ての消防組が一〇回以上の授与を受けている。

それを通じて消防組員の士気が鼓舞されたことは勿論のこと、消防組がお互いに競い合い一層の技術向上や社会的貢献を目指すことをねらいとしたものであった。

昭和五年現在、福島県下における金馬簾「三〇」以上授与の消防組一覧

所轄警察署	消防組名	規律訓練	水火災警防	公共事業	計
福島	鳥川	1	13	19	33
	佐倉	1	12	19	32
	杉田	1	23	8	32
郡山	郡山	3	33	8	44
	守山	1	16	14	31
中村	中村	2	31	6	39
	真野	1	12	27	40
	大浦	1	14	18	33
平	神谷	1	22	11	34
	小名濱	1	24	10	35
	御木沢	1	16	14	31
若松	高寺組合	3	26	14	43

『福島県消防沿革史』より集計

(7) 定員増加をめぐる問題

この時期に大きくクローズ・アップされたのはむら消防組の公立消防組への編入問題であった。それは、当時のむら人の生活状況からして、むら消防組を維持することが困難であるということが主たる理由であったが、それは公立消防組の定員増加問題を伴うために町村議会においてしばしば取りあげられるようになった。

明治三九年六月、宮城県亘理郡逢隈村においては、村長から「消防手四〇名を二五名増加して六五名とする」とする議案が、「本件ハ凶作後ノ経営トシテ村費ノ負担ヲ重ナラシムルノ嫌ヒアルモ森房及下郡両区有志者ノ切望ニヨリ熟考スルニ火災頻々手柄ナレバ必要ト認メ諮問ス」という理由でもって村議会に提出されている（前掲宮城県『逢隈消防組関係調査簿』）。しかし、結果的には行政村の支出の抑制ということから見送られた。それが、村議会で認められたのはおよそ一年後のことであった。

さらに、「一つの消防組の人数が二五名であるが、旗手や高張、梯子等の役以外の者は、一二名であり、この人数でポンプの運動に従事する者は一二名しかいないために、疲労に及んでも交替する者がいない。そのためにも三〇名に増員をお願いしたい」（明治三三年、福島県伊達郡伊達崎村「消防手増員請願書」『桑折町史・第七巻』）、また「火災ノ際人数不足シ『ポンプ』等充分ニ運用為シ能ハザルコト、消防組員ノ任期無限ナル故、部内就職者・不就職者ノ均衡ヲ欠為メニ辞職者多ク、交替繁ニ過グルノ弊害アルコト」（明治三三年、栃木県安蘇郡飛駒村「消防組定員増加申請書」『壬生町史・通史編』）を理由として、定員四五名を七〇名とする提案が行われている。この二つのいずれの提案も、町村の財政事情から決定されるまでにはかなりの年数を要した。そのこともあり、行政町村内に公立消防組と私立消防組合の併存という状況はこれまでと同様に見られた。

一方、町村段階における公立消防組の設置については、日露戦争後の国内の治安の関係から警察の強い意向により強力に進められた。山梨県では明治末までに県下のほとんどに公立消防組の設立が図られており、茨城県においても日露戦争直後に急増している。新たに設置された公立消防組の実態はともかくも、当時、内務省は公立消防組の組織状況について強い関心をもっていた。その指導については、府県によってかなりの違いはあったが、「――器械器具ノ中、腕用喞筒壱台及器械置場壱棟、火之見梯子、鳶口拾挺、水桶拾箇等ハ□《人名》外拾名ノ現物寄附ニ依リ、其他被服及器具ノ不足品購入費トシテ金六百円ハ村有志ノ寄附ニテ完備ノ予定ニ有之、就テハ諮問事項トシテ警備費壱百円ヲ以テ本年度ハ十分ノモノト思料仕リ候條申添ヘ候也」（大正一二年一〇月二五日、釧路警察署長から北海道白糠郡音別村長宛の「公立消防組設立要請文」『音別町史』)のように、その条件を緩和しても、設立を促すような動きも強まる傾向が見られた。

(8) 水防への取り組み

いずれの消防組においても、消火活動と並んで出場する機会が多かったのは水防活動であった。消防組規則においては、消防組と水防組(水害予防組合)は明確に区別されてはいたものの、メンバーが重なることもあり消防組が水防活動の中心を担っているところは多かった。だが、河川の整備が進んでいなかった当時、ほとんどのむらでは毎年のように水害に見舞われており、特に日清から日露戦争にかけての時期は、各地の河川改修はほとんど手付かずの状態のため、国土の荒廃も進み全国的に大洪水が発生している。消防組規則からすれば、消防組が水害予防を含めた水防活動に従事することは禁止されてはいたものの、そのメンバーの重なり具合いや水害発生時の行動については明確に区別することは難しく、具体的な対応については府県の判断に任されていた面があった。茨城県真壁郡関本町のように明治四〇年四月一七日付の県令第二八号を以て、消防組が水防の役割兼任を認めるような通達が出された所もあった。同県では、周辺の延方村、潮来町、津知村においても同様の処置が取られている。埼玉県下においても大正五年七月、三郡四消防組、翌六年には南埼玉郡下六ヵ村二八消防組合にも同じような動きが見られた。さらに、福島県下では、消防組の功労に対する金線馬簾の授与条件の中に「水火災警防」という項目があり、ほとんどの消防組はその功績により金線授与がなされていることからすれば、消防組が水防活動のために積極的に出場することは公認されていたと考えられる。

その水防活動については、「――鬼怒川増水ノ恐レアルヲ以テ当部ニ於テハ午前四時部長監守人現場ニ出張巡視セシ処、増水一丈余ニ及ビ午前八時頃ニハ一丈六七尺余ニ及ビシカバ、当部ニテハ警鐘ヲ打チ消防員一同ヲ持区稲荷台附近ニ召集シ万一ヲ警戒ニ任ズ。時ニ午前十時増水量一丈八九尺、午前十一時水勢益々加ハリタルヲ以テ堤塘上ニ土俵ヲ並ベ防禦ニ尽力セシモ水勢ハ益々猛烈ヲ極メ、消防員ノ活動モ空シク午後一時頃ニ至リ遂ニ堤塘一面ニ溢水シ防禦ノ術ナク午後二時頃ニ至リ第八部持区堀口地先約二十間決潰セシヲ以テ午後三時遂ニ一同引揚ゲタリ」(大正三年八月二八日、前掲茨城県『関城町史』)からしても、消火活動以上の危険性を伴うこともしばしばあった。そのため、水防活動中に殉職する人も少なくなく、「堤防の警戒に努めその決壊を防止すべく補強作業に従事中午後十時ごろ滔々たる濁流ますます勢を増したために補強作業も空しく一瞬にして堤防決壊の刹那たちまち濁流に没し」(大正七年九月二四日殉職、『石川県消防史』)、「大洪水に際し川保町内貫流の赤坂川土橋に在り水防警戒中俄然橋の流失と共に濁流に押流され」（大正二年八月二七日殉職、『福島県消防沿革史』）として、その功績は後々にわたって語り継がれた。そのような水防活動を通じて、消防組員には常に犠牲的活動の体言者としてのイメージがより一層つきまとうことになった。

消防組員の活躍

—大正五年五月一〇日の長野県松島大火災の消防活動—

中箕輪松島ニ於テ性名不祥火元午後三時出火一警鐘ト共ニ出場セシニ暴風故我消防組ハ全速力ヲ以テ駆付郵便局前ニ至リ喞筒二台ニテ防備セシニ如何セン西風猛烈四方焔々タル猛火ノ中ニ奮斗セシニ風ハ益々強ク黒烟猛火ハ遠慮ナク来襲セリ、為メニ消防夫ハ被服ヲ焦シ給水不足其困難ナル名状スベカラズ止ムナク郵便局東□《人名》土蔵等ヲ禦ギシモ火ハ尚ホ我火先ニ向ヒ猛烈ニテ四方ヲ焼払ハン勢ヒ故退却命令ヲ発シ退路ヲ東方ニ取リシニ其困難名状スベカラズ幸ニ一人ノ残留者モナク南方ヘ至リ□《人名》住家ニ至リ防火セシニ給水不足ノ為メニ此又止ムヲ得ス退却命令シ本町ニ出テ□《人名》宅屋根ニ昇リ各消防組ト連絡ノ上破壊シ東側ハ是ニテ防火セシニ消防夫ハ空腹ヲ感シタルニ依リ坂井耕地ニ駆付食糧ヲ依頼シタルニ村長ハ我消防ノ空腹ヲ慮リ村ヨリ食糧車台二輛人夫ニ命シ輸送セラレシ為メ消防夫ニ給与シ綿ノ如ク疲労セシモ為ニ勇奮スルヲ得タリ時二二時警察ヨリ伝令ヲ得松島駐在所ヘ組頭集合ノ命ニヨリ直チニ出頭署長ノ命ニ依リ南方ヨリノ消火ハ箕輪、南箕輪トノ連合終夜給水消火ニ尽力シ□《人名》、□《人名》土蔵三棟ヲ防禦シ翌朝九時ヲ以テ解任ノ命ニ依リ退場セリ焼失住居百二十戸其他焼失ハ甚大ナラン消防トシテ大勇奮本村ノ活動等ハ万民ニ賞セラリタリ出場人員ハ欠員ノ外欠勤ナカリシ

（長野県『箕輪町誌・第一巻』）

(9) 地方改良運動の展開と存続問題に当面する消防組

明治三八年は全国的に災害が多発した年であり、特に東北地方の太平洋岸は「天明・天保以来の大飢饉」と呼ばれる大冷害に見舞われ町村財政が極度に悪化した。そのため、消防組に対する財政的補助は期待できず、これまで以上に自主的な取り組みが求められた。具体的には、消防組の奉仕活動や無償労働による自主財源の確保等が期待されたのであった。この時期に全国津々浦々で展開された地方改良運動とも連動し、消防組員の犠牲的精神を鼓舞するために、消防組のあらゆる会合の場において、村長や小学校校長からその運動の精神的支柱でもあった二宮金次郎の人物像や業績について講話されることがしばしばあった。宮城県登米郡新田村ではこの時期に報徳思想を中軸に据えた「新田共救会」が組織化されているのもその例である。

ところで、明治三八年二月一八日、福島県では消防組施行細則が改正され、各公立消防組は新たな消防設備の必要が求められた。それに対して、同県伊達郡大枝村においては「大枝村消防組ヲ廃スル件」が村長に提出されている（福島県『梁川町史・近現代Ｉ』）。

一、村費ノ年一年ニ増加ヲ来シタルハ独リ本村ノミナラズ国費ノ膨張ニ伴フ自然ノ趨勢

ニシテ亦止ムコトヲ得ザルナリ――（一部略）

今若シ村内各戸ニ就キ財政ノ実情ヲ踏査シタランニハ表裡反復実に一驚ヲ喫スルモノアラン然モ人民ハ皇国ノ一大事ニ関スル敵愾ノ一心ヨリ曾テ其苦ヲ言ハズ僅カニ其表面ヲ支持スルノミ是レ曾テ苦言ヲ聞カズトイフノ故ヲ以テ等閑視スベキ事ナランヤ依テ自分以後村民ノ負担ハ其公ト私トヲ論ゼズ勉メテ緊縮ト軽減トヲ旨トシ一意休養ヲ計ルニ在リト信ズ

二、（一部略）、今此必要ナル消防組ヲ廃セントスルモノ消防組ノ必要ヲ認メザルニ似タリ如何ト之ニ答ヘテ言ハン夫レ我消防組（警備費）前年ノ予算ハ五拾金余ニ過ギザリシモノ今ヤ現行法規ニ基キ之ガ設備ヲ完成センニハ尚参百参拾円ヲ要シ（喞筒ヲ除キ）平年ニ比シ弐百八拾円ノ増加ニシテ一戸平均壱円余ニ当リ現下ノ実情ニ照シ本村ニ取リテハ決シテ少額トシテ閑却スベカラザル事ニ属ス尚以下逐次述ブル所ニ依リ了解セラレンコトヲ請フ

三、省略

村の財政事情から、新たに施行された消防組施行細則基準に合致する消防設備を備えることが困難であることを理由として、公設消防組を廃止し、私立消防組の復活を図るというものであった。この例のような公設消防組の廃止に踏み切るということまでには至らな

くても、その基準を満たすことのできない消防組はかなりの数にのぼった。そのため、喞筒のみならず、これまでは町村の費用で賄われていた消防器具についても、有志寄付でもって充当されることもこれまで以上に多くなった。

明治三六年、茨城県東茨城郡鯉渕村字宿では篤志家の寄付、さらに、ほぼ同時期に大字下野では青年会々員による共同作業の益金を基にして、新たに私立消防組が組織化されている。それとは多少異なるが、高知県香美郡夜須村では、大正七年に村会において「元来消防手に年手当を給するは市とか町とかを形作る土地にして、常に警備に従事して居る消防手に給すべきもので、本村の如きは事変の場合のみに任務に服し、平素は各職業に従事し居れる消防手に年手当を給する必要なし」（高知県『夜須町史・下巻』）という理由により、消防組員の年手当支給が取り止めとなることもあった。

消防器具を運搬した車付き箱
（北上市立博物館所蔵）

第五章　消防組は警防活動中心

大正期を通じてに展開される思想善導を柱とした民力涵養運動において、消防組は重要な一翼を担い、これまで以上に警察と一体化した行動をとる事が期待された。それは警防活動を重視することであり、頻発する小作争議や社会主義運動抑圧のために、消防組自らが先頭に立つことが求められのであった。大正一二年に発生した関東大震災前後に消防組を中心として全国的に組織化される自警団はそれを具現化するものでもあった。また消防組組織上の問題としては、公立消防組組織化の一層の推進、消防組相互間の連携強化が図られ、全国的な組織化へと発展していった。

大正一五年当時の出初式

―愛媛県泉村―

一、君が代斉唱
一、警察署長点検
一、教練
一、一斉放水
一、感謝状贈呈（二名の消防組員に対して）
一、警察署長訓示および講評
一、祝辞（村長）
一、組頭答辞
一、泉消防歌高唱
一、万歳三唱

（愛媛県『広見町誌』）

(1)　常備消防の設置と廻番の強化

都市の人口集中に伴い常備消防の必要性が問われ始めた最中、明治四二年七月三一日に大阪市北区空心町からの出火によって、その被害地域はおよそ五一ヶ町村にも及び、焼失面積は三六万坪にも達する大惨事となった。そのため、翌四三年には、大阪市に特設消防署、いわゆる常備消防が設置され、それに引き続いて、同年に名古屋、大正二年には京都市もそれにならった。そして大正八年七月一六日の勅令三五〇号の特設消防署規定により大阪府、京都府、神奈川県、兵庫県、愛知県に特設消防署が設置されることになった。

その動きは地方都市にも広がりを見せるようになったが、県庁所在地のおかれている都市を中心としたものであった。

大正一三年一月に制定された岐阜消防組常設員服務規程の内容によれば、「組員事務所ハ岐阜警察署構内に設置ス」「組員ハ廉潔ヲ旨トシ名誉ヲ重ンジ苟モ組員タルノ体面ヲ汚損スルガ如キ所為アルベカラズ」「組員ハ常ニ出場区域内ノ地理及水利ヲ審究シ且職務上必要ナル技術ヲ錬磨スベシ」とあり、警察と緊密化した行動が要請されていることがうかがえる。このような常備消防の設置と消防ポンプの近代化に伴い、大都市における防火活

大正時代に使用された「石油ランプ」

動はかなり進展した。それとともに、月一回以上の地区内実施調査は警察官と合同で行われることも多く、それは治安秩序維持のための取り締まり的な意味もあったことは否定できない。一方、町村においては日常生活の広い範囲において石油やガスが使用されるようになり、ランプの普及に従い、その取り扱いの未成熟さのために火事がしばしば発生した。

そのために「石油は必ず八分目以上つがぬこと」「掃除の際に使用したる紙及び布切は成るべくブリキの箱の如き金属製の入物に置くこと」「掛場所及び掛方に注意すること。直接釘に掛けぬこと。釘は必ず折釘を使用すること」（宮城県『津山町史・資料編Ⅱ』）等といった注意を促す通達もしばしば出され、消防組の巡回指導も強化された。

また、「区内ニ警邏常備人ヲ置ク其巡邏ハ昼間一回夜間二回トシ夜間ハ拍子木其他ノ鳴リ物ヲ用キス巡警ノ際門戸ニ掲ケタル標札ヲ反転シテ巡邏セルヲ証ス――火災ヲ未然ニ発見セルコト一回窃盗ヲ捕ヘタルコト二回其他浮浪ノ徒ヲ見レバ之ヲ村界ニ送ル」（大正五年、宮城県松山町長尾農業社）、「乞食狩りとして午前二時非常命令のため若干名出動、同六時解散《注、同月一四日と一八日にも乞食狩りに出動している》」（大正二年、岩手県紫波郡赤石村『紫波町消防団の歩み』）等からしても、むらにおける廻番は出火予防に止まらず、社会主義者の取り締まり的な要素を強めていった。

(2) 消防組後援団体の成立

消防組の活動が拡大するにつれ、それを背後から支える消防組後援団体も成立した。山梨県北都留郡上野原村においては、「町の消防組は明治三七年一〇月組織し爾来今日に至りしも町よりは毎年各消防組に対し僅少の補助あるもほとんど機械器具の修理補修の資にも足らず多くは消防手をして自給自足に陥らしめ、ますます消防手をして忌避の念を誘起し一朝有事の際に当たりなんの効果を奏すること不可能なりと信ず」（大正一四年、山梨県北都留郡上野原町「上野原消防組第二部消防後援会趣意書」『上野原町誌・下巻』）として、消防組員の士気高揚と消防設備の充実のために資金援助を主な目的とした消防組後援会が結成され、全ての村人が消防組後援会員として名を連ね、一定会費の納入が義務づけられた。

大正九年千葉県山武郡大総村でも、「組合員ノ自活自衛的精神ニ依リ警察官ト協力シ、村内ノ安寧ヲ保持シ犯罪及ビ火災ヲ未然ニ防遏スルノ外、健康ヲ保持シ風紀ヲ改善シ、以テ相互ノ幸福ヲ増進シ併テ親睦ヲ図ル」ことを目的に「大総村保安組合」が設置された（千葉県『横芝町史』）。具体的活動としては、各家における火災予防の通達の遵守の徹底、竈、風呂場、炉付近等の整理、ランプの使用方法と管理、火鉢、行灯、煙草盆の管理等々であった。さらに、宮城県牡鹿郡稲井村内之原地区では「隣保団結シ協同一致シテ火災予防ノ実ヲ挙クル」（宮城県『石巻の歴史・第三巻』）ことを目的に、大正三年に「内之原警火組合」が結成された。このような消防組後援団体は大正時代に多数組織化された。

これらに共通することは、「町村主導であること」「むらの全戸をメンバーとして組織されていること」の二点である。そして、大正時末までには全国各地に「警火組合」が組織化され、町村民の警火思想の普及・徹底のために大きな役割を果たすようになった。

(3)　牽制される消防組独自の動き

町村は財政的逼迫のために、ほとんどの消防組はこれまで同様に寄付や自らの経営する「共同田」「消防田」からの収益によって消防経費の捻出を図ることが多かった。そのため、ともすれば消防組の独自性が強まり、町村や警察の指示や意向にそわない行動を取ることも目立つようになり、大正四年九月には、内務省警保局長から各府県知事に対して次のような通牒が出された。

消防組ハ市町村費ニヨリ経営スベキ警察機関タルヲ以テ、財産ノ主体タルベカラズニ拘ラズ　往々基本財産トシテ山林又ハ養魚等ヲ所有シ、又ハ寄附ヲ貯蓄シテ利殖ヲ計リ、其他夜警料ト称シテ毎戸ニツキ集金スルモノ有之候ハ、孰レモ不法ノ嫌之有候ニ付キテハ、将来消防組ニ対スル寄附其他ハ一旦市町村ニ於テ収入シ、適宜ノ方法ニ依リ消防組ニ関スル経費ニ支出スル様致度、消防組ニ於テ夜警ヲ為スノ期間夜警料ト称シ毎戸ニツキ集金スル如キハ絶対ニ禁止相成候様致度候

すなわち、消防組はあくまでも警察機関の一つであって、さまざまな利殖行為をするこ

とは本来のあるべき姿ではないということが強調されている。それに伴い、大正四年から五年にかけて、多くの県では消防組施行細則の改正が行われた。宮城県では大正五年六月二日付けの消防組規則施行細則第四二条により、「消防組ハ消防署長ノ許可ナクシテ集合運動シ又ハ金品物品ヲ受領シ若クハ寄附金品ヲ募集シ又ハ義務的契約ヲ為スベカラズ」と規定された。とはいえ、ほとんどのむらで行われていた夜警の費用負担については、従来どおり各戸からの一定額の徴収を行ったり、あるいは白米や味噌といった食料の提供を課すようなところも依然として多かった。

それと相前後するが、大正四年には内務及び文部両省から青年組織に関する「訓令」及び「通牒」(いわゆる第一次訓令)が発せられ、青年団体の官製化と修養機関として位置づける、という基本方針が示された。この訓令は対象とするメンバーが消防組員とかなり重なり合うために、消防組の活動にも少なからず影響を与えた。具体的には、消防組員を選出する際に、青年団体における活動状況や思想性が問われるようにもなった。

(4) 消防義会の成立と名誉な金馬廉授与

明治三六年の大日本消防協会の設立を機に、全国各地において活動中に傷病や死亡した消防組員を救済する目的の「消防義会」が設置されるようになった。富山県では、大正八年ころに県下各市及び郡段階に消防義会が設立され、間もなく県段階に統一的な組織が作られた。その設立基金創出のために各郡及び市に対して拠出割り当てが行われ、総額五万円が集められた。大正九年六月六日に設立総会が開催され、総裁に県知事、会長に県警察部長、組頭総代に富山市消防組々頭がそれぞれ就任した。しかも、この設立総会には、当時、政府の消防政策に大きな影響力を与えていた松井茂も内務大臣の代理として出席しており、政府の消防政策上における消防義会の設立の重要性がうかがえる。

消防義会の設立に伴い、消防組や消防組員に対する表彰制度がこれまで以上に拡充され、大正一〇年前後には、府県独自の消防表彰規定も拡充されるようになった。消防組や消防組員に対する表彰に対して町村がいかに対応したかということについて、宮城県亘理郡逢隈村における大正一一年三月二五日付で授与された金線一条の取り扱いを見ておきたい。

宮城県

紀律訓練優良秀ニシテ消防事業ノ改善ニ努力シタル功労顕著ナルヲ認ム仍テ消防組規則施行細則第五十条第四号ニ依リ纏ノ馬簾ニ金線一条ヲ付スコトヲ允許シ之レヲ表彰ス

この金馬廉の披露式は、県から表彰された二日後の三月二七日に逢隈小学校校庭において行われた。その時、招待されたのは、亘理警察署長、前亘理警察署長、県警察部長、郡会議長、小学校校長、村会議員、各区長、前組頭、亘理郡内組頭、岩沼千貫組頭、消防世話係、退職消防組員と祝賀会の開催に際して「一円以上を寄付した人々」であった。これに係る全経費は寄付金で賄われ、村全体でおよそ五九六円が集められた。式は亘理警察署長、大河原署長、郡会議長、千貫消防組頭、前組頭の五名の祝辞によって始まり、以後祝宴が開かれた。その際、消防組員及び前消防組員には組名入りの手拭一本及び盃一個、また、式典の寄付者全員に対しても組名入りの盃一個がそれぞれ配られた。さらに、むらにある三校の小学校児童に対しては児童

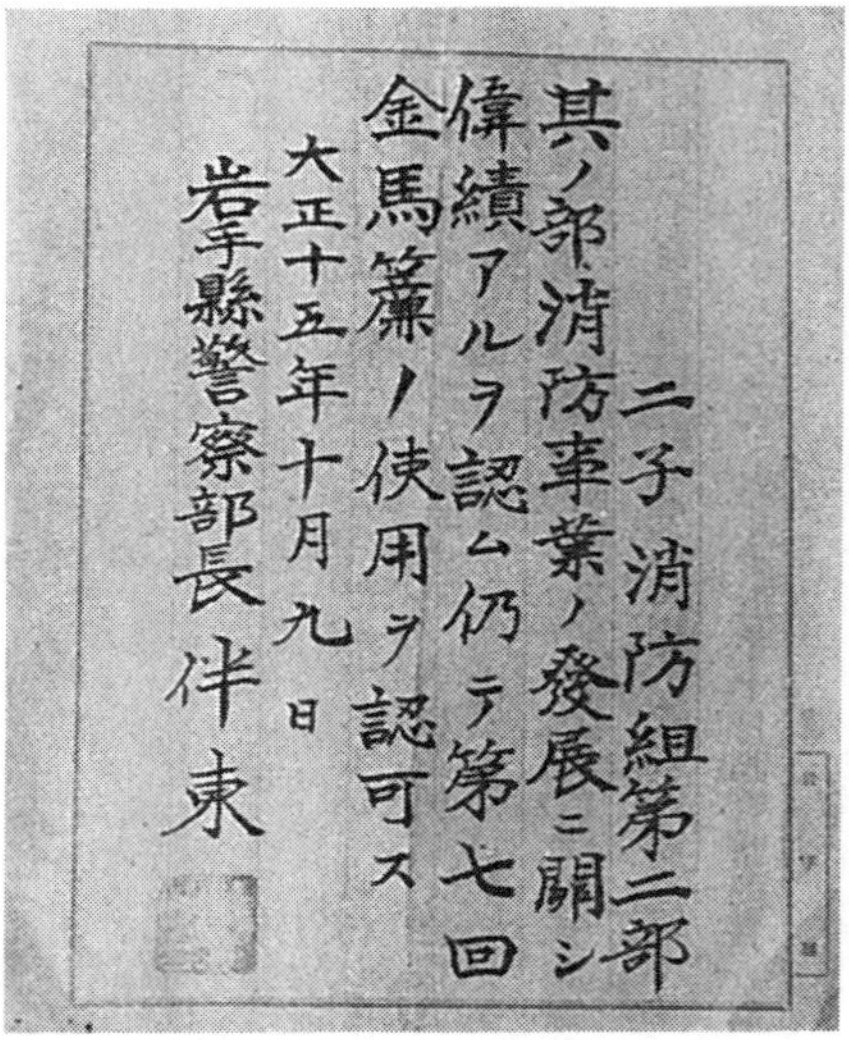
二子消防組第二部
其ノ部消防事業ノ發展ニ關シ
偉績アルヲ認ム仍テ第七回
金馬簾ノ使用ヲ認可ス
大正十五年十月九日
岩手縣警察部長　伴東

「金馬簾授与認可状」
（北上市立博物館所蔵）

用の「御座」が配布された。まさに村を挙げての祝賀行事であったことがうかがえる。
千葉県印旛郡酒々井町では大正一二年に金馬簾一条、昭和四年に同二条が授与されている。その披露式に際しての招待者は逢隈村とあまり変わらなかっが、県警部長をはじめとして県関係者が多数招待されている。

この時期には、消防組員個人に対しても、勤続年数や職務功労によって表彰されることも多くなった。その表彰に関する詳しい内容については町・村報はもちろんのこと、「金馬簾授与式　大畑消防組名誉」（青森県『下北村報』大正一〇年三月二五日付）といった形で、地方新聞でもしばしば取り上げられた。当時、個人表彰に関しても、金馬簾披露式と同じように取り扱われており、それは本人の名誉に止まらず、家族はもとより一族にとっても大変な名誉であった。このような表彰は、滅私奉公的行動を奨励することに結び付き、当時のあるべき国民像を形成するために果たした役割は大きい。

(5)　団体禁酒の徹底を図る消防組

「消防組の活動に酒は付きもの」ということが久しく言われており、消防活動のさまざまな場面において飲酒に伴う行動がしばしば問題を起こして来た。「消防組員ハ災害地ニ於テ飲酒ス可カラズ」（明治二八年、長野県上水内郡日原村大原消防組規約第二一条『信州新町史・下巻』）ということからしても、明治二七年の消防組規則制定直後から消防活動における禁酒については規約上、明記されることも多かった。大正五年の改正された宮城県消防組施行細則第一四条においては消防組員の不適格者として「平素粗暴過激ノ言動又ハ酒癖アルモノ」（第五項）と明確に規定されている。山梨県では消防組の金馬簾の授与対象の内容の一つとして団体禁酒が対象となっており、大正一五年に山梨県北都留郡上野原町甲東消防組はその功績が顕著であることを以てそれを授与されている。この消防組の飲酒問題について、大正一五年に発刊された小宮山清三（当時、山梨県中巨摩郡池田村村長）は自著『消防と団体禁酒』の「三年目」の項で次のように述べている。

山梨県に於て団体禁酒の消防組を表彰する事に就て一時色々の批評があった。或者は多年懐んで居った消防組の愛好物を極めて巧妙に毟り取る所の残酷の処置であると罵ったり、又或者は表彰の影に匿れて強て禁酒の偽善を為す者であると嗤たりした。けれ共夫等の冷侮や嘲笑の見当は全然外れて居ったのである。県は消防飲酒に就て禁止とか、厭迫とかの意志は毫もなかった。併し爾く当然視されて居る消防飲酒の雰囲気中に在って独り断然、酒と手を切る所の消防は遥かにエライものである。之を旌表し、之を推蔵する事に就て敢て他の容喙すべき限りでない。

平タク言へば飲みたいものは勝手に飲み給へ、けれ共飲まぬ者の称賛に就ては野暮な異議を言わぬ事にせようではないかと言ふ態度であった。県の此態度は比較的妥当であった。陋習に執着する多くの消防組に対しても何等の反感なしに其主旨を受け入れしめる事を得たのである――（中略）

斯くて其所に消防団体禁酒の価値は慥かに表彰の内容あるものとして先づ二組の推賞を公表せられた。其二組中に私の小さい組が錯って挙げられて居った、丁度、団体禁酒を宣言して三年目であった。

村の人々が此の表彰を怎んな考を持て迎えてくれたか、或者は過去を追懐して涙を呑んだ、又或者は伜や其夫の飲酒癖に苦悶した心が思はず双手を掲げしめたりした、村の先生は其表彰のあった翌日、児童全体に向って厳かに一場の訓話を試みた。

「皆んの父さんや兄さんはエライ、消防団体として多数抜く可からざる此因習を打破ったのだ、皆んなは此強い意志を持つ父兄の消防組を尊敬せねばならぬ」などと村相応、他人には滅多に聴かしめ得ぬ程の自画自賛の訓話を以て未来の村の英雄たるべき小さい心を躍らしめた。

この内容からしても飲酒禁止がいかに難しい問題であったかということをうかがうこと

ができる。さらに、昭和八年一月七日の青森県下北郡大畑消防組の出初式における組頭の年頭訓示においても、「行列途中は絶対に飲酒を禁ずること」(青森県『大畑町消防史』)が強く訴えられている。飲酒問題は消防組内部の規律問題として、大正一〇年前後から多くの消防組の成文化された申し合わせ事項においても見られる。消防組にとって、飲酒は仲間意識を醸成するための手段として大きな役割を果たす一方で、それに伴う問題行動の発生という相反する二つの側面のバランスを取ることは、容易なことではなかった。大正時代以降、消防組員のより厳しい行動規律が求められる中で、消防組にとっては禁酒問題は頭の痛い問題であった。

(6) ガソリンポンプの導入と鉄骨火の見櫓建設

国産の「瓦斯倫喞筒」(ガソリンポンプ)が明治末に発明されたのに伴い、大正四、五年ころにはそれを導入する町村も現れた。当時、ガソリンポンプ一台当たりの価格は二、〇〇〇円前後であり、腕用ポンプの五~六倍にも達した。宮城県加美郡中新田町では、大正八年に篤志家からおよそ総額三、三〇〇円(三〇〇円を最高として一〇〇円以上の寄付者は一〇名)、岩手県岩手郡大更村では大正一一年に篤志家六名と三つの会社(製造工場)

から総額二、六五〇円、さらに、宮城県遠田郡小牛田町においては昭和二年に篤志家二名（会社経営者と神社宮司）から一、五〇〇円の寄付金でもって瓦斯倫喞筒が購入されている。これらのことからしても、当時、ガソリンポンプの購入に際しては、有志寄付に依存することが多かったことがうかがえる。また、大正二年の北海道沙流郡紋別消防組においては村費補助一、〇〇〇円、消防組後援会から五〇〇円、有志寄付二、三五〇円の合計三、八五〇円をもって手引きガソリンポンプを購入しており、有志寄付を主体としつつも行政村からの補助を受けている例も見られる。さらに、「ガソリン喞筒ヲ購入セムトスルトキハ喞筒一台ニ対シ金三百円以内ヲ補助ス」（昭和一〇年、福島県西白川郡中畑村ガソリンポンプ補助規定第三条『矢吹町史・第四巻』）のように、行政村が限度額を定めて補助するということもあった。いずれに

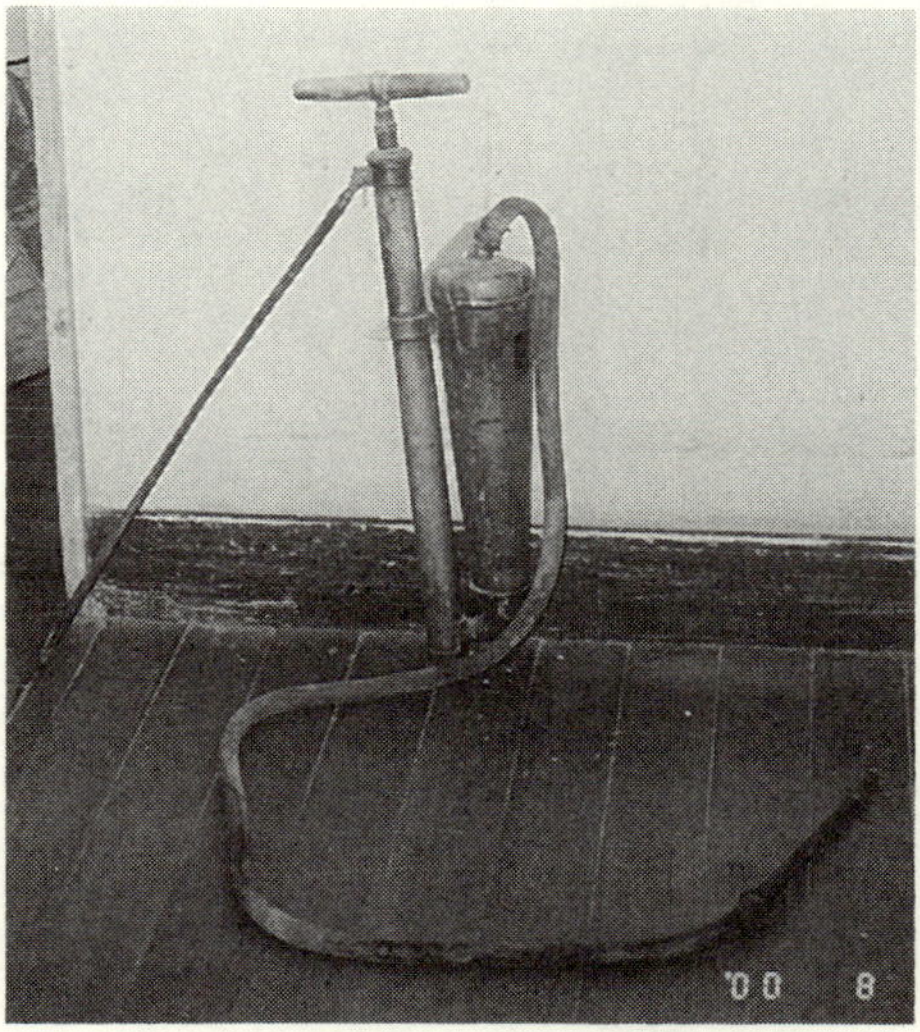

大正時代に使用された軽便用消火器
（宮城県矢本町大塩民俗資料館所蔵）

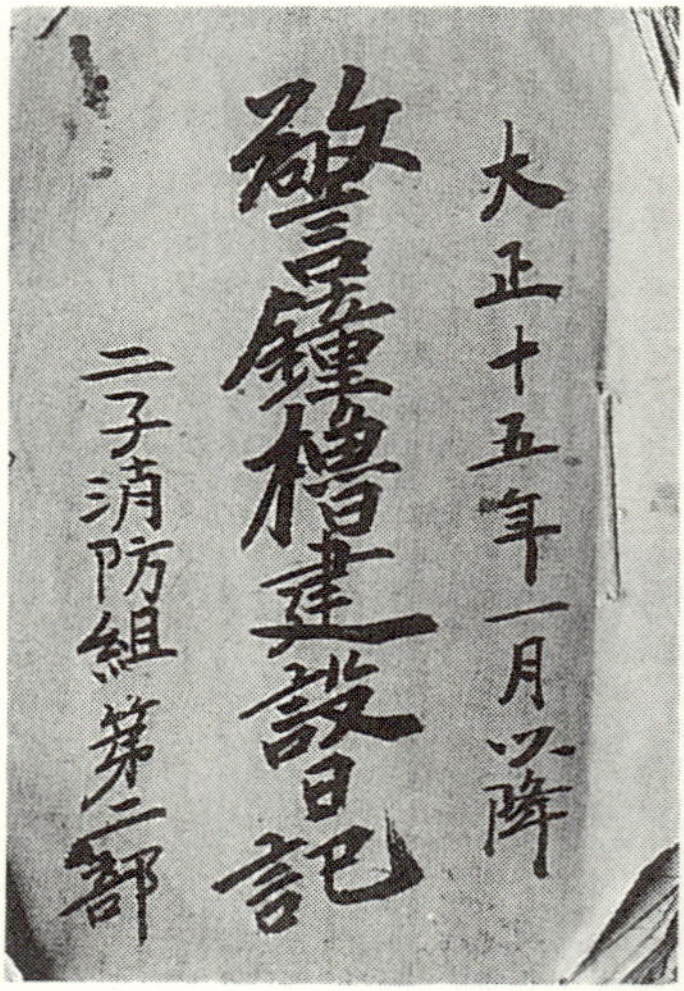

警鐘櫓建設日記の綴り
（北上市立博物館所蔵）

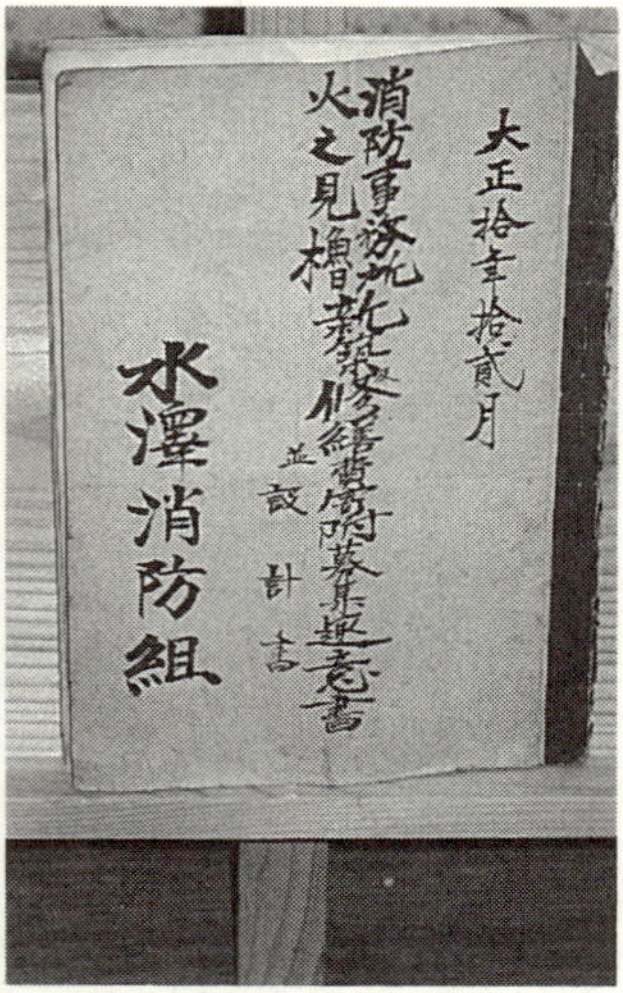

消防事務所・火之見櫓新築
修繕のための趣意書
（水沢市消防記念館所蔵）

しても、行政村はガソリンポンプの有効性は認めつつも、財政難のためかなりの部分を寄付に依存せざるをえなかったのである。しかも、このようなガソリンポンプ購入はほとんどが公立消防組において行われたものであり、私立消防組において購入することはかなり困難なことであった。そのため、公立消防組と私立消防組の消防力には大きな格差が生じ、私立消防組の段階に止まっているむらからは公立消防組編入の動きは強まった。

　それとともに、この時期には、鉄骨火の見櫓の建設もかなり行われるようになった。それは、昭和三〜五年において全国的に行われた御大典記念事業の一つとして建設されることが多かった。「国家の軍人は常に犠牲的精神を涵養して一旦緩急に応じなければならぬ如く我が消防も又災害に備える唯一の機関でそれに従事する消防員も更に軍人と異なる處なく一朝有事の暁には号令一下猛火の中に飛び込まねばならぬのであります。而して又災害に際して犠牲的精神を発揮するばかりでなく非常災害を未然に防ねばならぬのであります。（一部略）最も大切なものは災害の発生した最初の五分間であるのであります。されば各地に於きまして之れか唯一の報知機たる警鐘櫓の設け□き所はないのであります」（大正一五年、岩手県和賀郡二子村「警鐘櫓寄付趣意書」）ということからしても、ガソリンポンプの購入と同じように、有志の寄付に依存する傾向は強かった。

(7) 自主的消防組織の組織化と女子消防組成立

大正時代中ころには、全国民の防火思想の徹底を図る目的で警火組合が急速に組織化された。それは自主的消防組後援団体とはいえ、警察主導の組織であった。それとは一線を画し、一部の地域住民が自主的な防火活動を行う目的で、消防組後援団体が作られることもあった。宮城県加美郡中新田町において、大正一〇年に発足したのが「中新田親愛会」

昭和初期の青森県正津川女子消防応援隊
（青森県大畑消防署所蔵）

である。「有意義ナル社会奉仕ノ為メ当町内ニ火災水災等ノ災難アル場合之レカ救護ノ事業ニ従事スル」（同規程第二条）という目的で「救護班」が組織化された。その活動目的としては、「火災水災ノ場合老若男女ヲ安全地帯ニ避難セシムルコト」「搬出物品ノ監督ニ従事スルコト」「火防水防等ニ従事スルモノニ飲用水等ノ供給ヲ為スコト」「火災水災ノ為メ負傷シタル者ノ応急手当ヲ為スコト」等が取り上げられた。具体的活動としては、関東大震災に際して中新田駅での避難者の救護・救済、小学校の落成式の警備、陸軍第二師団演習における救護・警戒、河川増水時における警戒等が挙げられる。

この組織の設立にあたっては、警察署長及び公立消防組々頭が顧問として名前を連ねていた。この中新田親愛会のような消防後援会は、特定の階層や職種の人々を中心として組織されており、しかも警察の要請に基づいて組織されてるいることに特徴がある。その意味においては、警火組合が行政指示に基づく地縁的消防後援団体であるのとは明らかに異なる。

ところで、遠方へ出稼ぎする者が多いむらにおいては、災害発生時に女子が男子に代わって消防活動に従事するということは早くから見られたが、いずれの府県でも、「消防手は満一八歳以上の男子」という消防組施行細則の条項からして、女子は消防組の正式メンバーとしては認められなかった。岩手県沿岸地域の田老町、田野畑村、普代村等においては、男子消防組員が出稼ぎや出漁のためむらを留守することが多かったこともあり、早くから婦人消防協力隊、夫人火防組合、処女火防組合等が結成されていた。それらは、災害発生時の救助活動やポンプ操法を行うことはあったものの、あくまでも消防組の後方支援団体的存在に止まるものであった。だが、大正三年五月二日に、福井県丹生郡城崎村においては、全国で初めての女子消防組が誕生した。この村においては、当時、多くの男子が長期間にわたって、京都地方への酒造りや丹後方面への鰤の定置網への出稼ぎをする者が多かったために、女子消防組が設置されたものであった。消火活動はもとより夜警や難波船の救助にも出場しており、周辺の男子をメンバーとするむら消防組の行動と何らか変わるものではなかった。また、青森県下北郡大湊村城ヶ沢でも大正末ころには女子消防組が設立されている。その当時を知る人の話しによれば、このむら一帯も出稼ぎ者が多かったことから、所轄の警察署では「消防組の組織化においては、組頭は男子でなければならないが、消防組員としては女子も認める」という見解を採っていたのだと言う。「あるとき大畑村消防組の代表が、はじめての公立女子消防組（部）として全国にその名を知らしめた城ヶ沢の女子消防組と組み合わせとなった。『連合演習の際のポンプ操法競技』（**著者注**）において大畑村消防組の組員は、『たかが女子』と軽い気持で操法に臨んだところ、その取り扱いの早いこと、会場からは大きなどよめきがあがったほどであった。男子の組員に代わって女子だけの消防組を組織するだけあって訓練を重ねており大畑村消防組の精鋭達ももう少しで遅れをとるところであった。正に薄氷を踏む思いの勝利で、見ていた幹部達は冷汗をかいた」（青森県『大畑町消防史』）という記述からしても、その活動の一端を知ることができる。

そのように女子消防組設立の例は一部に見られたものの、女子の防火組合は消防組の後方支援組織として機能することが多かった。大正の中ころからは、「大正十年卯之町警察署□《人名》殿、熱心ナル発意ニ基キ此処ニ俵津女子火災予防組合ナル女子団ヲ組織ス、其名全国ニ普及シ海外ニ聞エ、之ヲ女子火災予防組合ノ嚆矢トス」（大正一〇年七月、愛媛県東宇和郡明浜村、県警察部長揮毫書の一部『明浜町誌』）のように所轄の警察署もその設立には熱心に取り組むようになった。

(8)　自警団の成立と消防組の位置

全国各地に大正一〇年前後から、既存の青年団、消防組、在郷軍人会等を母体として、自警団が組織化されるようになった。それは富山県に端を発した米騒動を機に新たな治安維持の体制の確立を図る動きの一つでもあった。「時世の進運に伴い水火・盗難・交通事故・精神病者その他人事相談など年々警察活動に俟つべき事故比年増加の傾向ありついてはこれが防止方法犯罪の予防及警戒、衛生思想の普及と向上並に社会上要救護保護者の措置などに関し国民自覚のもとに自警共栄の自活的施設計画を樹立することは国家的事業として寔に緊急時に属す警察の民衆化は社会の叫にして時代の要求なり民衆の福利伸長は警察の能率進捗し之と拠りて得らるるのみならず警察に対する正解を得団員一般に先づ自制自衛を昴め民衆と警察との間を接近融合せしめ共同して国家社会の治安維持に任ずる重要事項とす郡内今や電灯供給ありさらに鉄道布設せられんとす警察の執行事務いよいよ多端なりとす就ては公私協同戮力して予防警察上に資するは時宜に適したるものと認むるにつき別紙標準に準拠しあまねく自警団を設置し行政警察の目的を達すると共に一面民風を作興し地方改良に努められ候よう――（以下略）」（大正一二年二月二〇日、兵庫県佐用郡佐用警察署長通達『佐用町誌』）からして、深刻な社会問題の発生に際して、警察のみで対応することは難しいこともあり、国民と警察が一体化した取り組みの必要性が求められたのである。その経過について、同年八月に宮城県が県下郡市長会議に提出した「自警団ノ指導助成ニ関スル件」には次のように記されている。

自警共衛ノ精神ヲ一般民衆ノ間ニ旺盛ナラシメ以テ予防警察上ニ資スルノ極メテ必要ナルヲ認メ、警察官署長ヲシテ自警団ノ組織ヲ督励セシメツツアリ各位ニ対シテモ援助方通牒ノ次第モ有之夫々助力セラレタル結果町村ニ於テハ既ニ大体ノ組織ヲ完了シ目下都市自警団ノ成立ヲ見ツツアリ□ノ時ニ際シ更ニ一層之ガ完成ニ助力カセラルルコト同時ニ穏健質実ナル発達ヲ遂ケシメ以テ災害ノ防止衛生思想ノ普及向上及犯罪ノ予防等其他各種ノ禍害防止ニ付漸次隣保共助ノ良風ヲ馴致セシメ又一面青年団消防組在郷軍人分会等ト相提携シ相率ヒテ民衆ノ共衛趣旨ヲ全フセシムル様相当援助セラシムル事

自警団の組織化は、半年も経たないうちに府県段階から市町村、さらにはより末端のむ

らの段階に至るまでピラミット型に組織化された。その中で、消防組は中心的存在としての役割が課せられた。各々の自警団団長には町村長や行政区長、副団長には公立消防組組頭、顧問として所轄の警察署長が就任する例が多かった。

その活動の具体的なものとしては、「法令ノ周知実行ニ関スル事項」「犯罪予防ニ関スル事項」「災害防止並ニ其救護ニ関スル事項」「悪習陋習ノ芟除ニ関スル事項」「衛生、交通思想ノ普及向上ニ関スル事項」に加えて、「上位の自警団ヨリ指示セラレタル事項及分団ノ総会ニ於テ特ニ必要アリト認メタル事項」の計六項目であった。いずれの段階の自警団においても、これらの項目が取り上げられており、政府の強い指示によって作られた組織であることは明らかである。

自警団の行動が一躍クローズアップされたのは大正一二年九月一日に東京を中心として未曾有の被害をもたらした関東大震災の時であった。この時期には、全国的にも既に自警団の組織化はほぼ完了しており、震災罹災者に対する自警団の救助・支援行動はその存在意義をより印象づけることになった。「本村トシテ殊ニ怖ルヘキハ強窃盗ニ有之ヘクト存候当局ニ於テモ是等防遏ノ手段ノ講セラレツ、アル」（大正一二年一〇月、埼玉県北足立郡大和田町役場資料『新座市史・第三巻』）といった動きは東京周辺一円で広範囲に見られた。一方、静岡県浜名郡新居町のように比較的遠隔地においては「震災義捐義務金並震災費徴収」「震災地へ慰問使派遣」「夜警実施」「震災救護事務所開設」（静岡県『新居町史・第九巻』）といった、いわゆる震災地への後方支援活動を行うところも多かった。これを機に、夜警は消防組を中心に季節に関わらず年中継続して行われるようになり、在郷軍人会も加わることが多くなった。さらに同町では夜警強化に伴い「夜警は在郷軍人会及消防組に嘱託し、但し夜警食料を給すること」が町議会で決議されている。また、全国的には、社会主義者への過敏な反応や対策が採られるようになり、山梨県西八代郡久那土村では、当時の久那土自警組合長からむら消防組と青年団支部長宛に次のような「依頼状」が送付

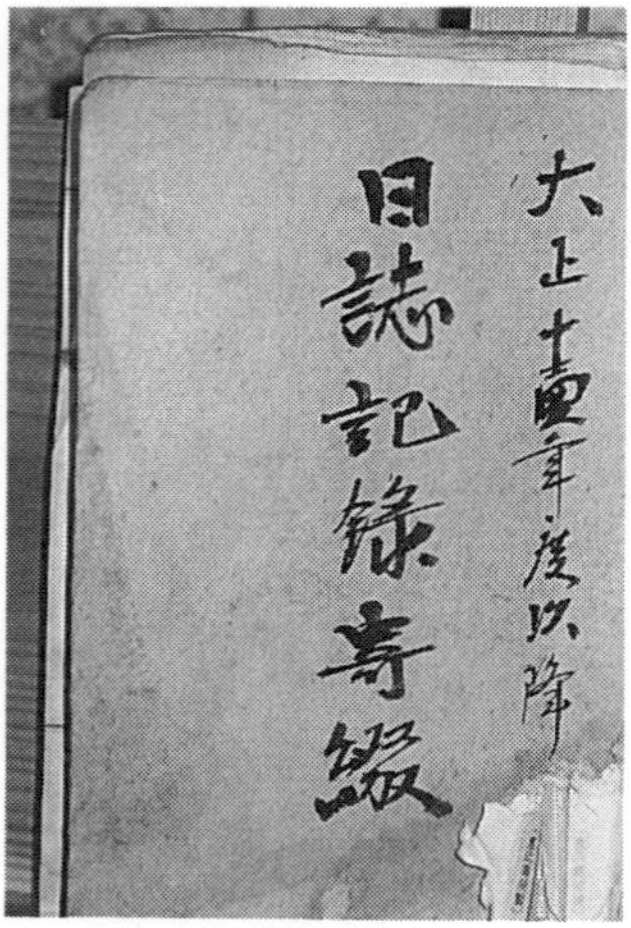

自警団の日誌記録寄綴り
（水沢市消防記念館所蔵）

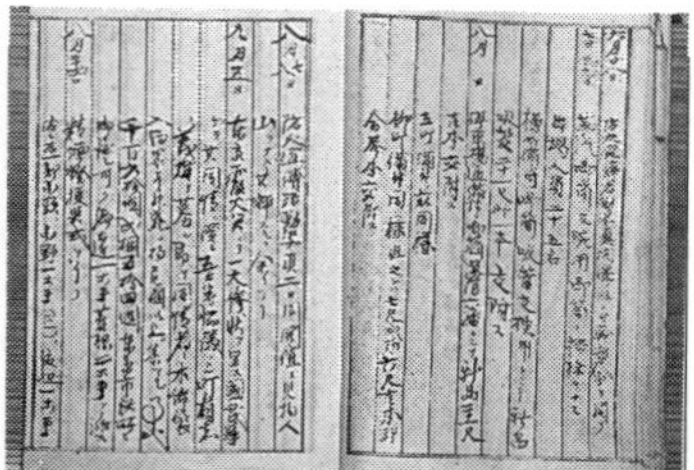

9月5日の欄に関東大震災救援物質発送記録がある。
（水沢市消防記念館所蔵）

されている（山梨県『下部町誌』）。

陳者昨夕□《人名》巡査部長殿ヨリ此際不逞鮮人ニ対シ自警組合ニ於テ警備可致様依頼有之候ニ付御区内ニハ組合員無之ニ依リ当組合ヨリ組合員出張警備ノ任ニ可膺候ニ付、就テハ青年団員ニ応援被致度旨被申候間御区内適当ナル個所御撰定事務所ニ仮用セラレ度其辺可然御取計相成度御依頼申上候也、書外委細ノ点ニ就テハ出張員ヨリ巨細御協議可申候間万事御協議被成下度此段申添候也

さらに、主要な鉄道沿線の駅頭においては自警団員を中心として、救護班が組織化され、東京を脱出して来た人々の介護にあたった。また、大震災直後に国民の精神的動揺を押さえ、難局を乗り切るために国民の一致団結の必要性を説いた大正一二年一一月一〇日発布の「国民精神作興に関する詔書」は出初式を初めとして消防組のあらゆる会合の場において、消防組員全員により唱和されるようになった。

(9) 県下消防組頭会の開催から全国消防組頭会設立へ

公立消防組が増加するにつれて、横の連携を強化する必要から府県の警察本部が中心と

なり、県下消防組頭会が開催される動きが強まった。

宮城県はその開催が早く、大正元年一一月には第一回宮城県組頭協議会が開催された。その際の中心議題は「防火思想の普及」「消防組員の共済制度の拡充」の二つであり、特に、前者にあっては日露戦争直後から設立の動きの見られた警火組合をいかに県全域に広げて行くかということが議論の中心となった。その後、二年に一度開催され、大正九年における第五回宮城県組頭協議会においては、その名称を「宮城県組頭会」と変更し、「県下消防事業の統一並進歩発達を図る事」を大きな目標と掲げ、公立消防組組織化の進展を一層進めることになった。これを機に、県下消防組頭会はこれまでの協議機関から指導機関としての役割を担うことになり、警察と一体となり公立消防組の設置をより強力に推し進めていった。さらに同年の会議では、「組員の素行に関する件」が取り上げられ、次のような決議が行われている(『宮城県消防発達史』)。

消防組は水火災の警戒防御に従事する機関のみならず一面に於ては地方自治団体の一分子として其の改善発達に努めざるべからず従て組員たる者は総て其の市町村の中堅者となり青年の指導風紀の改善其他地方の改良上躬ら範を示すを要す然るに多数の組員中往々にして素行を紊り粗暴の言行を敢てし甚しきに至りては刑辟に触るゝ者なしとせず斯の如きは単り一組員の失態たるに止まらず延て消防組の威信を損傷し地方改善上却て悪結果を来

各消防組の運動競技
―大正7年4月の福島県梁川地方消防組連合検閲に於いて―

競技の内容
・第一回一〇〇〇メートル徒競走競技
各選手ハ任意ノ服装ヲナシ梁川小学校庭縄張ノ外囲ヲ駈足ニテ五周シ決勝点ニ到着スルコト
・第二回非常召集運動競技
各選手ハ駈足行進中被服其他ノ器具ヲ携帯シテ梁川小学校庭縄張ノ外囲ヲ五周スルノ運動ニシテ初メハ指定ノ服装ニテ単ニ二周シ第三回目ニハ一定ノ場所ニ置ケル草履ヲ□チ最後ノ五周目ニハ一定ノ場所ニアル提灯ニ点火携帯シテ決勝点ニ到達スルコト

明治三十年代に入ると、警察管内にある全ての消防組が参加して連合演習も盛んに行われるようになった。その際、お互いの技術向上を図るための消防ポンプによる放水距離競争、的撃ち競技等、さらには、各消防組員による徒競走といった運動会的なものも行われるようになった。

（福島県『梁川町史・近現代Ⅰ』）

たすに至るべし　故に各位は常に部下を戒飾し苟も組員たるの名誉を毀損するが如き言行なき様特に監督教養せられんことを望む

消防組員に対して一層の行動規範の確立を求めるとともに、町村の中堅者として、消防組員自らが青年団を指導する立場に立つことが求められた。

その後、全国的にも県下組頭会が開催されるようになった。大正四年第一回県下組頭会議が開催された青森県では、当日来賓として招かれた県警察部長は訓示の中で「諸子が警察機関の一として火災其の他の警戒の任に膺るを得るは実に無上の栄誉にして、復其の責務や極めて重大なり、須く共同一致事に当たり相助け相戒め、克く部下を懇篤訓諭し非常勤務の心得を以て任務に服し、以て其の職分を完うせざるべからず」（『青森市消防史』）として、消防組には常に警察と一体化した行動が強く求められた。このような役割期待は、全国全ての消防組において実施されることによってより実効性が高まることは言うまでもなかった。大正一五年には全国消防組頭会が九月二四日から二五日の一泊二日の日程で全国の消防組（公・私立合計）およそ一一、〇〇〇組、消防組員数はおよそ一七〇万人を代表して、一、二〇〇名の参加のもとに東京の日本青年会館において開催された。

「――近年我が国火災の激増は自治観念の発達と相俟て、一般国民の防火観念の助長を促せること尠ならざるものありしが、大正大震火災の斎せる苦がき経験と、本年一月六日警視庁消防出初式に際し、畏くも、皇太子殿下帝都消防隊御親閲のことありし（一部略）――我が国消防設備を観るに、世界最古の歴史を有するに拘ず、大正十四年度に於ける、全国市町村警備費八五〇余万円にして、六大都市特設消防費を加ふるも、尚且一千二百万円を出てず、而かも之を同年の火災損害三億六千万円に対比するに、僅かに三パーセントのみ、吾人は前段大震火災後に於ける、消防の急速なる進展を説けるも、畢竟程度の問題に過ぎずして、一般我が国消防設備は、未だ貧弱の域を脱せず」（大正一五年、東京府消防協会発行『全国組頭大会記録』）ということから、全国消防組の横の連携を強化が図られた。その際、提出された議案は、発起人提案が「二二」、地方提出が「五八」（二四消防組提出）を数えた。それらの内、発起人提案の「消防組規則改正の件」は最も重要な案件として取り扱われている。その提案理由は、現行消防組規則が制定されてから既に三二年が経過し、時代状況に適応できない所が多く、そのために消防組の発展が著しく阻害されているというものであった。提示された具体的な内容のうち重要なことは次の五点である。

・市町村毎に一箇の公設消防組を置き一定の猶予期間を認めて新設若しくは現在の私設消防又は二組以上に亘る変則組織を整理せしむること（第一項）
・消防手の採用は原則として其の市町村住民の志願制（名実共に義勇消防）とし例外と

して義務制となすこと（第四項）

・火災場に於て警察官在らさるときの指揮権を組頭及副組頭に認めること（第六項）

・消防組及消防組員表彰規定を設くること（第七項）

・公務死傷者弔慰又は手当支給の規定を定むること（第九項）

これを機に、公立消防組の組織化進展、義勇消防思想の普及、さらに大日本消防協会改組の動きが急速に高まった。

⑽ 消防組の公立化進展

公立消防組の組織化率は、関東大震災から大正末にかけて高まる傾向が見られた。山梨県西八代郡古関村では大正五年四月に古関地区において組織されていた私立消防組の「非常組」が、三三一円六五銭を村に寄付することを条件（いわゆる、「指定寄付」）として同年一一月に公立消防組として発足した。そして、公立化された大正八年には、同組から古関村に対して消防組員の増加を求める請願が出されたが、その際、次のような誓約書も提出されている（山梨県『下部町誌』）。

本部落ヲ警備区域トスル古関消防組第二部ヲ部落民ノ申請ニ依リ設置セラレ候ヘドモ費

用全部当部落ノ負担トシ本村警備費等ノ支出ノ要求致サズコト

右誓約候也、追テ本村全部ノ消防組ガ公設トナリタル時ハ右費用ノ支出ヲ請フコトアル可ク候。

また、同県東八代郡一宮村においては、大正一一年一月一七日付けで私立消防組に対して次のような「注意事項」の通達が行われている（山梨県『一宮町誌』）。

・各消防組ハ平素ニ於テ急変ノ場合ニ処スル為メ水利ヲ調査シ之レガ調査簿ヲ作成シ互ニ交換研究シ置カレンコトヲ望ム（第一項）

・各消防組ハ常ニ火防ニ対スル注意ヲ怠ラザルハ勿論一般ニ対シテハ、イツモ春秋（一月、十月）二回及養蚕期ニ於テ注意ヲ与フルト共ニ各戸ヲ巡視シ左記取扱ニ対シ取締ヲ励行セラレムコトヲ望ム（第二項）

燃質物置場、窯、焚火、薪置場、マッチ置場、取灰、消壷完否、炬燵金網完否

・各消防組ハ十二月一日ヨリ二月末日迄雨雪ノ場合ヲ除クノ外夜警ヲ励行セラレンコトヲ望ム（第三項）

・各消防組ハ私設タリト雖モ常ニ規律ノ訓練機械器具ポンプ操法等練習セラレンコトヲ望ム（第五項）

・一宮村消防組ハ時期ヲ図リ公設タランコトヲ望ム（第七項）

すなわち、所轄の警察署からの公立消防組設立の要請である。そのため、私立消防組においても水利調査簿の作成、火気取り締まりのための巡回指導、夜警の徹底等が義務化され、公立消防組と同一の行動が課せられた。

そして、まもなく一宮村では全ての私立消防組の参加のもとに「本会ハ本村各消防組ノ連絡親睦ヲ計リ各消防組ノ向上改善ヲ図ル」ことを目的とした「一宮村消防組連合会」が組織化され、次の四項目（規約第五条）が具体的な行動として取り上げられた。

一、各消防ノ改善ニ関スル事項ノ研究

二、各消防組夜警開閉ノ統一

三、消防組員中殊功者優良者ノ表彰む

四、消防組員中職務ノ為死亡シタル者又ハ傷痍ヲ受ケタル者ノ弔意

各私立消防組に対する統一行動の要請であり、それは公立消防組設立の前提条件ともなった。主な役員としては、会長に村長、副会長に所轄の警察署長、幹事には各消防組組頭が就任した。さらに大正一三年度以降、村から各私立消防組に対して一消防組あたり四〇円の補助金が交付されるようになり、昭和の初めには公立消防組が設立された。

山梨県においては、昭和の初めまでにはほぼ全県下に公立消防組が設立されており、全国的にも早い方に属している。その公立化の経過を見ると、一つは、全国的にもしばしば採られていた「指定寄付」に基づいて設立される例、もう一つは、警察主導のもとに、最初に町村内の私立消防組間の連携強化を図るために連合消防組が結成され、その後、町村からの私立消防組に対して補助金の交付が行われ、消防の設備がある程度整った段階において公立化されるという、二つの例を指摘できる。千葉県では、所轄の警察署を中心として再三にわたって公立消防組設立要請が行われるようになり、これまでは財政難を理由として公立消防組設立を留保して来た私設消防組においても、「絶対に新たな経費を要せざること」「従来の消防器具器械一切をそのまま襲用し改めざること」「定期演習は各部落毎とし、合同演習は各部一同の希望によらざれば行わざること」（千葉県『富里村誌』）に見られるように、私立消防組の要求に対して、町村がかなり譲歩する形で、公立消防組の設立が行われるようになった。

佐賀県佐賀郡東與賀村大字飯盛大野地区でも、昭和四年の公立消防組への編入に際しては「当部落公設消防組ヨリ脱退セシ時又ハ公設消防組解散ノ時ハ現在品其ノ儘御還付ノ事」「在来品一切其儘当部落ヘ保管方一任ノ事」（佐賀県『東与賀町史』）という既存の私立消防組からの条件提示が認められての設立であった。

火の見櫓落成記念
（水沢市消防記念館所蔵）

愛媛県では明治四四年一一月に、県からの公立消防組設置を促進するための強い指示がなされたにも関わらず、その進捗状況は必ずしも思わしいものではなかった。そのため、同県宇摩郡金田村にあっては、大正七年の公立消防組設立に際して、運営資金の一部として村有林が与えられている（愛媛県『川之江市誌』）。さらに、兵庫県宍粟郡千種村では大正七年六月、「手当ヲ給セズ、小頭及消防手ニ法被・股引・帽子ヲ給与ス」（兵庫県『千種町史』）ということが認められて、公立消防組の設立に踏み切っている。広島県双三郡作木村では大正七年三月に「消防ニ関スル総テノ費用ハ其消防組設置区域住民ノ負担トス」（広島県『作木村誌』）という決定により、公立消防組設立後もこれまでと同じようにその運営資金はむら人から徴収されるというところもあった。

この時期における私立消防組から公立消防組への移行は、各府県で定められている消防組施行細則の規定に必ずしも合致しなくても、警察の強い主導で行われたところに特徴がある。

それは、社会不安が増大したこの時期にあっては、警察の意向が浸透しやすい公立消防組の設立は、警察にとっての緊急課題であった。そのためにも、設立条件に一定の幅を持たせたのであった。

⑾ 陸軍演習への補助と在郷軍人の消防組員増加

日露戦争後、全国各地で行われるようになった陸軍演習に際して、当市町村当局を通じ周辺の消防組に対して、演習実施期間中の周辺警備をはじめとして演習地周辺の道路整備、下水道の浚渫といった環境整備、さらには火災予防の徹底を図るための広報活動等のためにしばしば出場要請が行われるようになった。栃木県安蘇郡飛駒村では明治三七年三月に、消防組員をメンバーとする「飛駒消防組軍人慰問会」が組織されている。「本会員（消防組）ハ、消防組員中出兵者ノ家族ヲ慰問スルコト」（第五条）、「消防組員ニシテ出兵シタルモノニハ、慰問トシテ壱名金壱円宛ヲ贈呈スルコト」（第六条）、「戦死又ハ病死シタル者ハ弔意トシテ金弐円ヲ贈呈シ、戦死者ニ対シテハ埋葬ニ当リ組員全体見送ヲ成スコト」（第九条）と定められ（栃木県『田沼町史・第五巻』）、留守家族に対する銃後活動が求められた。このような慰問組織が消防組員によって組織化されるということはそれほど多くはなかったものの、陸軍演習の終了後には県当局や陸軍からの感謝状の贈呈や御下賜金が供与されるのが通例であった。大正時代に入るころには消防組幹部会に陸軍将校が出席して挨拶を行うということも見られるようになった。

さらに、山梨県中巨摩郡小井川村では大正七年、同花輪村では大正一三年に、それぞれ腕用ポンプの取り扱いに精通している在郷軍人会のメンバーを母体として公立消防組が設立されている。同九年、京都府竹野郡間人村においては、団体訓練の強化のために在郷軍人会間人分会長が公立消防組組頭に任命されている。また、鳥取県西伯郡大山村における大正一一年の消防組規則第四条の「本組合員ハ部落内在郷軍人・青訓生徒ヲ以テ主体トシ、他ハ満十八才以上四十才マデノ壮者ヲ選出シ、規定ノ手続ヲ経テ米子警察署長ノ任命ヲ受ケ編入スルモノトス」(鳥取県『大山町誌』)という規定や、「大正十一年の小学校の大火を機にしてより統制の取れた消防活動の徹底を図るために在郷軍人を主体とした消防組が結成」(沖縄県『金武町誌』)、さらに、大正一〇年度末における埼玉県北埼玉郡加須警察署管内(二町一八ケ村を管轄)においては、在郷軍人が組頭四名、部長一四名、小頭一二九名、消防手八二五名(全体のおよそ二五%)にも就いている(埼玉県『加須市史・通史編』)等からして、消防組と在郷軍人との関係は、これまで以上に強まった。これらの動きは、在郷軍人が消防ポンプの技術的操作に優れていたということに加えて、消防組のあらゆる行動面において厳格な行動規律を体現させることにねらいがあった。当時の消防組及び消防組員に対しては、「波打ちよする悪思想　之が防止に務むるは　我等健児の責任ぞ　団結義侠の精神は　纏に輝く績しの　努力も社会の奉仕なれ　勇気と正義を双肩に担いて起てよ我健児」（愛媛県北宇和郡泉村「消防歌」の一部『広見町誌』）という歌詞からしても、警防活動が中心になる傾向は明らかであり、そのためにもこれまで以上に規律ある行動が問われたのであった。

「火防宣伝・いろはかるた」（明治四〇年ころ）

―静岡県川野村―

い　一まいの小そでやく火に　すう万の家灰にせし明暦の火事
ろ　ろにかまど　ふろば火鉢におきこたつ　心ゆるすな　ゆだん大敵
は　灰置場　かべの厚きに油断して　つるしておくな　みのや農笠
に　庭のすみ　そなえおけかしたきぎばこ　ちれる木の葉は火事のみなもと
ほ　ほそけむる　賎がふせやま消火器は　そなえおかなん万一のため
へ　平生に　ポンプの手入水の便　防火装置に心ゆるすな
と　燈明を　あげる度ごと心せよ　神も仏もいむははだか火
ち　ちゑみがく　今の時勢におくれじと　防火設備と器具のせいとん
り　利にはせぬ　かさい予防の教えぐさ　心つくして守れ人びと

ぬるをわかよたれそつねならむうゐのおくや

ぬかりなく　火の用心に心せよ　これぞ我がため　また他人のため
るすいおば　かならずおけよ　そこつのかさい　ありと思えば
折々に　遊ぶいとまの手すさびに　ポンプ消火器　手入しておけ
わざわいの　あとに気のつくおろかさよ　おき忘れたる夜半のちょうちん
がんせなき　ちごの火遊びなおざるは　家も宝も灰となす基
用心は　社会奉仕のみなもとぞ　火災は国のたからほろぼす
たきびには　つねに注意をはらいつつ　外出をするなちごにまかすな
れいはいが　すまばすぐけせ燈明を　あかしより出し火事もあるなり
そなえおけ　マッチの箱にたきぎ箱　かねのランプに応急の灰
つかるるも　のこる火のけに注意せよ　茶時のほいろ養蚕の室
ねるまえに　かまどのまわり灰おきば　よく見まわれよ家の人びと
何ごとも　用心にしくはなけれども　火の用心がわけて肝要
ランプをば　きんぞくせいに改めて　そばにおけかし応急の灰
むづかしき　学理あしきにあらねども　火災予防は実際が主
打つ水は　ころばぬさきのつゑとしり　かまどふろばののこり火に打て
井戸と堀　おろそかにすな家々の　水の用意は火事の用心
残り火を　消したる水のあまりにて　夜化粧する身の気こそ安けれ
応急の　灰や打水そのふるは　治にいて乱を忘れぬがため
くりかえし　おしえさとして戒めの　心ゆるすなちごの火あそび
やさしきは　学校児童の火防隊　月に三度のせつびてんらん

まけふこえてあさきゆめみしゑひもせす

マッチ箱　ちごの手足をのばしても　とどかぬ個所にそなえおけかし
けしてきた　ほいろの火おば二度ならず　三度かへりて見まふ用心
ふきがらの　すてばも常に心せよ　大火のもととなるを思いて
心して　かまどの手入おこたるな　すきまもる火も大火事のもと
えんとつの　そうじ手入をおこたるな　ながい道中こしょうありがち
手も足も　なしと思うなえんとつは　あかい火の手にくろいけむ足
あたたかく　ふろもすましてたき火けし　心残火なくねやにいれかし
細心の　注意をはらい取灰の　そのふしまつがわざはいのもと
きかいには　油そそぐなわするるな　まさつはげしき個所に火が出る
ゆききする　人のすてたるすひがらも　目にとまりなばふみにじれかし
目に見えぬ　ほどのひびれもすておくな　手入しあとは心やす火炉
身もこほる　さむきよなかのいましめも　国のたからをまもらんがため
消火器は　戸ごとひとつはそなえおき　くすりとりかえ常にわするな
ゑんとつの　くちあやまちのもととなる　おほい忘るなそうじわするな
火をほふる　ゆいつのぶきと思いなば　ポンプの手入のことなわすれぞ
守りにまで　防火唱歌をうたはせて　予防しそうのふきゅうつとめん
千丈の　つつみもありがこわすなり　うかつにするなマッチのもえさし
進むよに　伴れるちしきときのうもて　火災予防のしせつけいえい
京の火事　江戸の火災もそのもとは　火の用心をおこたりしため

（『静岡県消防のあゆみ』）

火防宣伝

（昭和初期のころの中野川万才より）

ヤレ一ツトセ　開けた今の世は有難い一には左側通行二に防火三に節約注意せよ
ヤレ二ツトセ　冬が来たなら風激しなる風呂場やかまどやかんてき火鉢お寝間のコタツに注意せよ
ヤレ三ツトセ　皆さん人見りゃ泥棒と思え火をば見たなら火事じゃと思え火事はその身の油断から
ヤレ四ツトセ　よそから焼けてくりゃ是非もない我家から火を出しゃうらまれて一生頭が上がらんわいな
ヤレ五ツトセ　いつも火始末する時は一度は見返り二度振り返る火のない所にゃ煙は立たぬ
ヤレ六ツトセ　無理な規則はお上じゃとても守れとはいわない皆様よ守らななならない国のため
ヤレ七ツトセ　泣いて逃げたる東京の大震災をば思うならこの宣伝をば注意せよ
ヤレ八ツトセ　山で煙草を吸う時はマッチのすりかす煙草のヤスに火がついて居ないかと気をつけよ
ヤレ九ツトセ　国家が大事と思うなら子供にマッチを持たさぬように一本のマッチで日本焼く
ヤレ十ツトセ　とかく今の世は電気じゃとてもこれも使いようで火事となるこれは電気屋さんに聞くがよい

（愛媛県『広田村誌』）

第六章　消防組は国家消防へ

昭和初期から全国民を巻き込んで展開された防火運動は、戦争を想定した様相をしだいに強め、消防組はその運動の中心的役割を担うようになった。昭和六年の満州事変をきっかけとして、消防組にあっては、組員の徴兵はもとより、留守家族への手伝いをはじめとしてさまざまな銃後活動に従事する機会も多くなった。そのため、これまで以上に消防組は治安の安定維持と生命財産の保護を主要な任務とする事が期待されるようになり、「第二の軍隊」「国防消防」とも呼ばれるようになった。昭和八年から九年にかけては、「消防宣言」、「令旨」が次々と発表され、義勇消防精神は鼓舞されていった。挙国一致体制の強化は、消防組に対する画一的行動を要請することとなり、全国的にも公立消防組の設立はほぼ昭和一〇年前後には完了した。

終戦後、消防団は自治体消防として発足し、警察機構から分離されたものの、消防団員の選出経過やさまざまな出場機会における食料費の援助等からして、消防団とむらとの関わりにあまり変化は見られなかった。

(1) 国民防火思想の高揚と活発化する防火宣伝活動

大正一五年の第一回全国組頭会議において「全国統一の火防デーの設置」が提案された。

それは、アメリカ合衆国が一週間にも及ぶ防火強化運動期間の設定により、国民の防火意識が飛躍的に向上したことに触発されたものであった。昭和六年三月一〇日に実施された宮城県下一斉の火防デーに際しては、「新聞紙上による宣伝」「防火講演会及活動写真会の開催」「ラジオによる宣伝」「電車及乗用自動車による宣伝」等、あらゆる場を通じて大々的に行われた。実施された主な内容としては「火気取り扱い場所等の一斉視察調査」「警察取締営業者の一斉取締」「学校工場における避難演習並びに防火訓話」等が取り上げられている。同県亘理郡逢隈村では、同日に、全ての消防組が午前七時三〇分までにそれぞれのポンプ置き場に集合し、午前八時には防火祈願のために近くの神社へ参拝を行い、その後、各家の防火査察も行われた。

また石川県鹿島郡中乃島村では、昭和四年四月九日に警察署長、村長、消防組頭の連名で、次のような「火災予防施設ニ関スル件」の通達が各区長宛に出されている（石川県『能登島町史』）。

頃日祝融ノ災各地ニ頻発シ其ノ惨状見ルニ忍ヒサルモノ有之今ニシテ予防ノ措置ヲ誤ラムカ恐ルヘキ結果ヲ招来スルモノト被存候ニ付テハ時恰モ所謂火災季節ニモ相当スル事故此際特ニ一般人士ノ火防観念ヲ喚起スヘク明十日ヲ火防日ト定メ管内警察官吏及消防組ヲ出頭セシメ各担任区域ヲ定メ全村ニ渉リ一斉ニ毎戸ニ臨ミ火気取扱ノ場所ヲ点検シ印刷物

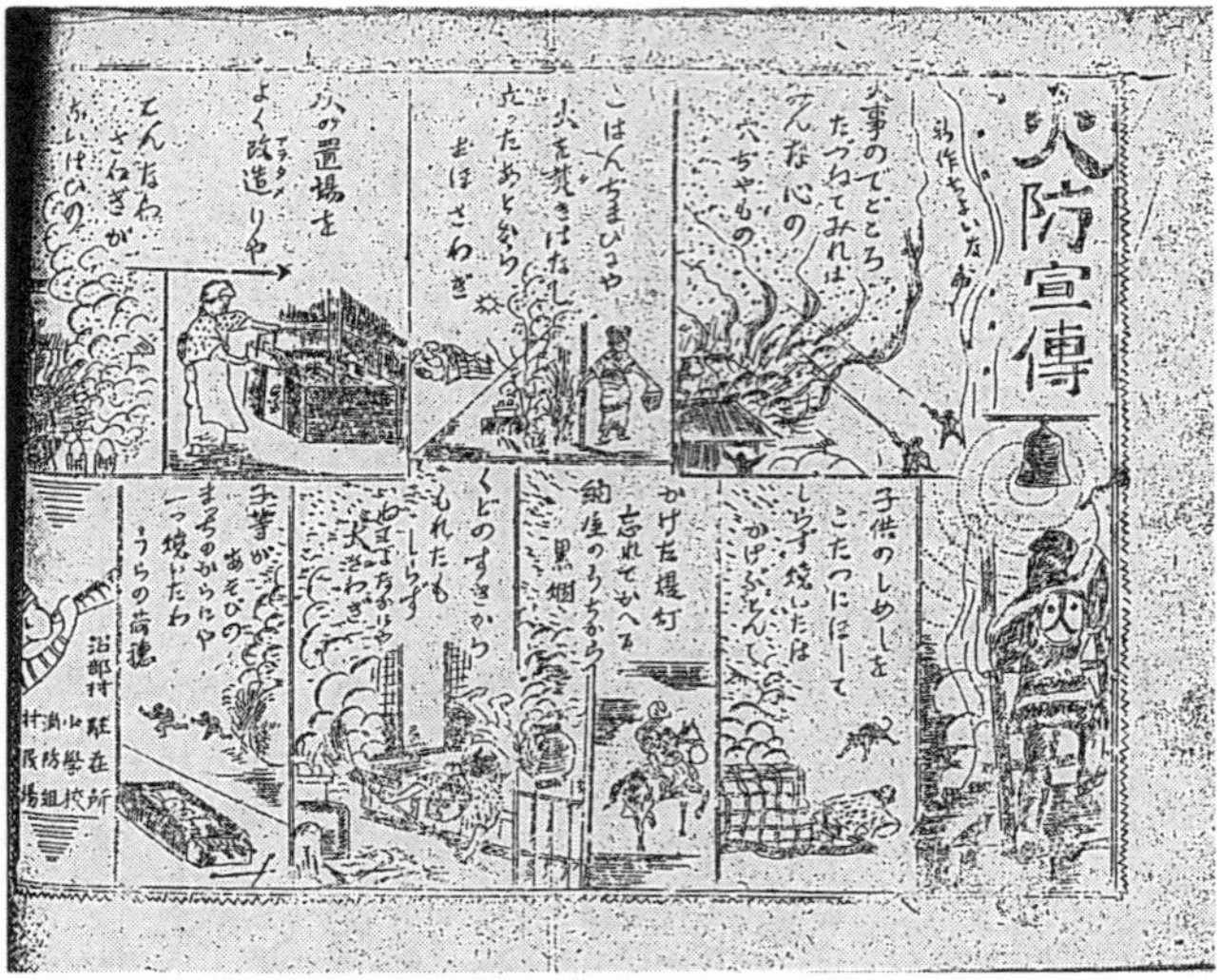

宮城県遠田郡旧大貫村　村報77号
（昭和６年３月30日発行）

ヲ配布シ其ノ趣意ヲ徹底セシムル計画ニ有之候ニ付テハ当日各家ニ二人必ラズ居残点検ヲ受シムル様貴区ヘ洩レナク周知方御取計相成度及御依頼候也

さらに昭和五年三月七日には、大阪を中心として近畿地方の二府三県で統一火防デーが設定され全国統一的運動の気運は高まった。そして、昭和一一年一二月一日には第一回全国火防デーが実施されるに至った。このような戦時下における防火運動の展開は、国民のあらゆる階層に火防の必要性をより求めるのは当然の成り行きでもあった。

この運動を推進するために、防火標語の募集や小学生を中心としたポスターやビラの作成、さらには活動写真会の開催等も行われた。宮城県遠田郡涌谷町を中心に発刊されていた遠田旬報においては「油断カラコソ火事騒キ」「寝ルトキ出ルトキ火ノ用心」「火ノ気ガアレバ見ル気ニナレ」（大正一二年一二月二七日発行、第五三号）のような標語が再三にわたって紙上に掲載されている。また、大正一二年五月三〇日付けの下北新報は、「防火宣伝各地宣伝のいろいろ」と題して全国的に行われていた防火宣伝運動の中から特に目を引いたものを特集として取り上げている。

・福島市の「都々逸」
夫婦の仲なら焼いてもいゝ、焼いて悪いは家と蔵
見捨てしやすな女と火種、鹿の子振り袖火事の跡
火鉢から煙突、提灯置き炬燵、捨た煙草に火消壷、寝る前出る時火の始末ョ必ずマタ忘れて下さるなチョイチョイ（鴨緑江節）

・函館市の宣伝唄
「火事は消えても恨みは消えぬ、火元火元と孫子まで」と唄いながら町中を練り歩く。

・愛媛県大洲町の「モシモシ亀さんぶし」、
「モシモシ皆さんほんとうに火事程こわいものはない、どうして之れを防ぎませう、何といっても火の元は毎日互に気をつけて内から火事を出さぬよに吃度約束いたしませう、なんぼお家が立派でもジャンジャンジャンジャンジャン一度火災を起したらみる間に焔になりませう」

・栃木県石橋町の「俳句」
「火を置いて出る不覚さや花の留守」
「見廻れよ皐月大工の焚火かな」
「木枯や煙突の火の遠く飛ぶ」

それらに加えて、防火デー当日は消防組頭や警察署長らが宣伝カーに同乗し、金馬簾を手に持ってラッパを吹きながら町村内を一周することも各地で行われた。

(2) 消防信条の策定と戦争の足音

県によっては消防組員の精神的高陽を図るために、「犠牲的奉公の精神」「郷土愛」「国民の模範」等の内容を網羅した「消防信条」を作成し、出初式や消防演習等の機会を利用して唱和する動きも見られるようになった。以下は山梨県消防信条である。

一、消防組員タル者ハ常ニ犠牲奉公ノ精神ヲ培ヒ水火変災ニ当リテハ身ヲ挺シテ直ニ之ニ赴キ敏捷果敢其ノ職責ヲ全フスベシ

二、消防組員タル者ハ服務ニ関スル規定ヲ遵守シ常ニ警察官吏ノ命令及上班ノ指示ニ従ヒ最モ厳粛ナル規律ヲ保持スベシ

三、消防組員タル者ハ機械器具ノ取扱並技術ノ錬磨ヲ懈ラス常ニ施設ヲ備ヘ進ンデ水火変災ノ予防ニ努ムベシ

四、消防組員タル者ハ内和衷協同ヲ旨トシ外国家公益ヲ念トシ常ニ護郷ノ精神ニ基キ地方自治ノ発達ニ貢献スベシ

五、消防組員タル者ハ信義ヲ重シ礼節ヲ尚ヒ品性ヲ高潔ニシ言行ヲ慎ミ以テ民衆ノ儀表タルベシ

群馬県勢多郡宮城村では、昭和の初めころに消防組員に対して「輓近ノ世相今尚軽佻浮薄ノ風去ラス人心ノ帰響動モスレハ倫安荒怠ニ傾クノ観アリ然ルニ此間ニ処シテ消防組員ノ如キハ地方自治団体ノ保安維持ノ職タル唯一ノ機関タルヲ以テ常ニ其任ノ重ヲ思ヒ毅然

トシテ時流ニ超越シ尤モ沈着ニ犠牲的奉公ノ気魄ヲ養ヒ正義ノ信念ニ立脚シ消防組ノ威信ヲ発揚スルノ大精神ナカル可ラス」(群馬県『宮城村誌』)として、より一層の自覚を促している。昭和一一年に島根県仁多郡横田町では村社八幡宮において「吾等ハ皇室ヲ尊重シ御令旨ヲ奉戴シ信条ノ確守ヲ期ス」「吾等ハ消防精神ノ振作ヲ期ス」等の五ケ条からなる「誓詞」の朗読も行われた(島根県『横田町消防誌』)。

さらに、府県段階はもとより各市町村段階においても、消防組員の士気を鼓舞するための「消防歌」も数多く作られている。大正一三年に静岡県では消防歌の懸賞募集を実施しており、所によっては、消防組頭や消防組員自らが作詞、作曲することもあった。青森県下北郡脇野沢村消防組第二部で昭和初期に作られた部歌の「第一」「第四」を紹介しておきたい(青森県『脇野沢消防誌』)。

「第一」
蒼波洋々陸奥の海
水や空なる彼方より
黎明告ぐる我が里の
杜に旭光　輝きぬ
「第四」

仁義の振ふ魂は
たとへ水火の中とても
我ら堅き一丸の
力となりて戦はん

また、ほぼ同じ時期に徳島県那賀郡宮浜村では、「消防女子後援会の歌」も作られている（徳島県『上那賀町誌』）。

「第一」
那賀の川辺に咲き誇る
から紅の糸桜
文化の花を咲かせたる
わが宮浜の桜谷
「第二」
霊峰御嶽の松ヶ枝
しるす役目は後援の
有事の時は共に立ち

尊き使命を果す身ぞ

(3)「消防宣言」の制定と県消防史の編纂

昭和八年四月には、大日本消防協会から各府県に対して五項目からなる「消防宣言」の通達が出された。

一、消防組員ハ義勇奉公ヲ旨トスヘシ
一、消防組員ハ規律訓練ヲ重ンスヘシ
一、消防組員ハ沈着機敏ヲ尚フヘシ
一、消防組員ハ技能錬磨ニ勉ムヘシ
一、消防組員ハ操守言動ヲ正ウスヘシ
以上五ヶ条ノ宣言書ヲ公布爾来当組ニ於テ
毎回ノ演習開始時マテ組頭ヲシテ朗読セリ

金馬簾許可状
（水沢市消防記念館所蔵）

これまでは各府県段階において、消防信条

や消防歌を通じて消防組員の精神的高揚が図られて来たが、この時期には、国家は全国全ての消防組に対して、直接統制を強めるような動きが顕著になった。

宮城県では、同年五月一日に市町村の消防組に対して次のような内容が伝達され、その趣旨の徹底が図られた。

旺盛ナル士気ト厳粛ナル規律ハ義勇消防ノ精髄ニシテ社会一般ノ消防組ニ対スル深キ期待ト信頼トノ懸ルトコニナリ殊ニ最近我国ハ未曾有ノ非常時局ニ際会シツツアリ此ノ難局ヲ打開スルノ途ハ国民ノ異常ナル緊張ト犠牲トニ俟タサルヘカラズ此ノ秋ニ当リ一般国民ヲ鼓舞激励シテ其ノ挙惜ヲ誤ラシメサルノ責務ハ各町村自治体ノ中堅タリ献身犠牲義勇奉公ノ赤誠ヲ以テ立ツ我カ消防組ニ課セラルル所ナリ　サレバ今回新ニ消防宣言ヲ制定シ以テ消防組員ノ向フ所ヲ示シ之ガ使命達成ニ遺憾ナカラシメンコトヲ期セリ仍テ消防組統率ノ地位ニ各位ハ此ノ点深ク留意セラレ今後ハ一層組員ノ士気ト規律ノ振作発揚ニ努メ消防組ノ向上ニ努力セラレンコトヲ望ム

そのような動きと連動して、昭和四年には「静岡県消防沿革史」、同五年は「茨城消防発達資料」、同七年は「福島県消防沿革史」、同九年は「宮城県消防発達史」といった県段階の消防沿革史が相次いで作られている。その内容には、それぞれの消防組に対する貢献者の遺徳と殉職者の功績についてかなりのページが割かれているという共通性があり、消防組員の精神的拠り所として重要な意味をもった。

(4) 消防組の義勇精神の高揚

昭和九年五月三日には大日本消防協会総裁に梨本殿下が就任したのを機に、六月二六日には時局下における消防組員としての行動指針とも言うべき「令旨」が発表された。

「――――（前略）、輓近ニ於ケル社会情勢ノ推移ヲ見ルニ、其ノ言動、動モスレハ浮華軽佻ニ陥リ寄矯過激ニ走ルモノナシトセス、諸子ハ宜シク穏健中正ヲ旨トシ義勇奉公ノ精神ヲ発揚シ、率先範ヲ郷閭ニ示シ、以テ国運ノ伸張ニ寄与セムコトヲ期セサルヘカラス、因リテ左ニ消防組員タル者ノ常ニ服膺シ遵守スヘキ綱領ヲ示サム」とし、基本的には「消防宣言」と同じ趣旨が網羅されており、消防組員に対して一層の義勇奉公の精神の貫徹が求められた。

さらに、その具体的な行動指針とも言うべき綱領は五点にわたるが、特に時局を反映する内容としては次の三点である。

一、国憲ヲ重ンシ、国法ニ遵ヒ、忠誠報国ヲ以テ各其ノ本分トスヘシ。

一、犠牲ノ心奉公ノ念ヲ旨トシ、終始ヲ一貫シ、一旦危急ニ際シテハ身ヲ挺シテ難ニ赴キ、其ノ事ニ従フヤ沈着ニシテ機敏、殪レテ後已ムノ覚悟アルヲ要ス。

一、規律ヲ重ンシ、克ク上司ノ指揮命令ニ服従シ、上下同僚ノ間、互ニ相敬愛シ、和衷協同彼我一体ノ実ヲ挙クルニ努ムヘシ。

梨本殿下の総裁就任記念として、大日本消防協会では、「大日本消防協会会館」を建設するために総額一五〇万円を徴集することとなり、そのうち、全国消防関係者から五〇万円、残りの一〇〇万円を一般の寄付によって賄うことが決定された。宮城県が負担すべき一万六千円は、宮城県消防協会を通じて県下各消防組に割り振りされた。

同九年七月二一日の第五回宮城県下組頭会では、そのような拠出金額に加えて、喞筒の修繕工場を建設するという趣旨で、一、四七七円の追加募集が決定された。それらの捻出に際して、各消防組は土木作業や町村有林の根刈りや下草刈りなどの労役奉仕、さらには消防田や消防山からの収益により充当した。

ところで、第一回全国組頭会議の決議により、昭和二年に設立された「財団法人大日本消防協会」は、既に全国各地に組織化されていた消防後援団体の連携強化を図り、消防組員の活動に対する経済的・精神的援助を行うことを大きな柱として発足した。戦時下体制

宮城県殉職消防組員招魂碑
（昭和６年６月６日建立）

の強化は、消防組員の活動範囲の拡大をもたらしたことにより、多くの犠牲を強いることにもなった。

そのため、これまで以上の精神的高揚が図られた。具体的には消防組員の活躍を後世に伝えるために、全国的に「忠魂碑の建設」の動きが強まった。

宮城県においては、昭和三年の宮城県消防協会総会で「県下殉難消防組員招魂碑建設ノ件」が可決された。翌四年には、その建設費の捻出については、「組頭（県下一七〇名）は二円、小頭（一、五〇〇名）は五〇銭、消防手（一八、〇〇〇名）は一〇銭」と決定され、全ての消防組員に拠出金が割り当てられた。

一方、昭和八年五月には、福島県双葉消防協会から福島県下組頭大会に対して、「——

（略）、希くば其の防空法の制定に方りては、義勇任侠の伝統精神を有する。吾人消防を根幹中軸とせられ国民総動員の細胞として、指導精神を確保するの任務を与えられ度く」（福島県『楢葉町史・第三巻』）という内容の要請が行われている。すなわち、消防組自らが積極的に戦時体制を支えていこうという、いわゆる「下からの自発的な動き」も顕著になりつつあった。

そして、消防演習は町村内だけに止まらずより広範囲な地域を対象として行われるようになり、警察署管内の全ての消防組が参加する連合消防演習がしばしば実施されるようになった。その際、消防組のみならず、消防後援団体も総動員され、戦争を想定した「教練」も実施されるようになった。さらに、県下消防組の幹部講習会、あるいは東北や関東といった地方ブロック毎の会議も開催されるようになった。昭和一〇年四月仙台市を会場として開催された「一道六県消防連合協議会」の際、当時の内務大臣後藤文夫は祝辞の中で、「就中近時全国都市中人目ヲ聳動スヘキ大火災ノ発生スルアリテ災禍ヲ防遏スヘキ消防人ノ職責愈々重大ナルヲ痛感ス、諸氏ハ宜シク和衷協同彼我一体ノ実ヲ挙ケ消防知識ノ向上ヲ図リ技能ヲ練磨シ団体訓練ニ意ヲ用ヒ殊ニ旺盛ナル消防精神ヲ振作更張シ以テ時局ニ対処セサルヘカラス」（昭和一〇年五月発行、『宮城県消防・第四九号』）と述べ、時局への消防組員の心構えが強調された。昭和一三年一〇月一四日から一五日にかけて実施された栃木県下「消防組幹部講習会」の講習科目の「時局ト消防」においても、ほぼ同じ内容が取り上げられている。

(5) 少年消防隊、婦人消防後援会の結成

満州事変を機に、消防組員の中から徴兵される者も多くなり、消防組活動に支障を来すような状況も生まれた。それを補強するためには、これまで以上に全国民が消防活動との関わりあいを強める必要もあり、それまで組織されていなかった町村においても、少年消防隊や婦人消防後援会が数多く組織されるようにもなった。

その少年消防隊は小学校生の防災意識の向上を図る事を目的として、消防組の範域内にある小学校を中心に組織されることが多かった。富山県富山市内では既に大正一〇年には組織化の動きが見られ、大正一五年までには富山市内のほとんどの小学校で組織されるに至った。その目的は「公設消防ノ趣旨ヲ理解セシムルコト」「隊員相互協力シテ警戒ノ訓練ヲナスコト」「其ノ小学校内ニ於ケル消防・避難・救急等ニ関スル研究訓練ヲナスコト」「火災原因其ノ他ニ関スル研究ヲナシ其ノ予防思想ヲ涵養スルコト」「消防器具機械ニ関スル研究訓練ヲナスコト」「防火宣伝ノポスター図案標語ノ作成ヲナシ汎ク一般ノ宣伝ニモ

従事スルコト」（富山市少年消防隊規程第八条『富山市消防史』）等であり、特に防火宣伝のためのポスター作成は地域内の防火意識の向上という面においては大きな役割を果たした。それとともに、各小学校では公立消防組組頭の指導のもとに防火訓練もしばしば行われるようになり、山梨県東八代郡御代咲村では全国防火デーの日に消防組幹部の観覧のもと避難演習はもとより、道路清掃、川溝の浚渫、神社仏閣墓地の除草といった社会奉仕も行われた。千葉県では大正一五年の長生郡長柄村の日吉少年消防隊、安房郡和田町の南三原少年消防隊の設置をはじめとして昭和九年までにおよそ「三〇」の少年消防隊が結成されている。同県山武郡上堺村少年消防隊（昭和八年結成）の設立趣旨によれば、「――児童等が平素生活スル環境ヲ整備善化スルコトガ極メテ重要ナ一要素デアリマス。然ルニ現代社会ノ事相ハ極メテ複雑微妙デアリマシテ一歩校門ヲ踏出シタ校外ノ社会ハ之ヲ学校教育ノ力ニ依ツテ整備善化スルコトハ中々容易デハ無ク時ニ取ツテハ教育実務家ヲシテ全ク絶望ノ観ヲニ憂鬱セシメタルノデアリマス。――（一部略）内チ小学校ヨリ少年児童ノ純真ナル心ヲ通シ手ヲ経テ社会大衆ニ向ツテ無言ノ行、無言ノ感化、黙々トシテ公衆ヲ愛シ親シミト勤労トヲ以テ唯之楽ミトスル行ノ公共奉仕、敬神崇祖ヲ中心トシテ共存共栄ノ実ヲ練ル行ノ歓喜生活、此ノ少年児童ノ純真ナル活動之ニ依テノミ未来ノ黄金世界ヲ憧憬スルコトカ出来ル」とされ、学校教育の重要な柱として消防訓練が位置付けられたのであった。

さらに、小学校卒業後、数年経過した者を対象として消防後援会も作られるようになった。昭和八年八月には仙台消防組の指導にもとに「仙台市新坂通青年義勇隊」が組織されている。その目的としては「国防防空ニ関スル施設ヘノ努力」「災害予防思想ノ普及」「武道ノ奨励並ニ士気ノ振作」「災害発生ノ際警戒線其ノ他ノ応援」「罹災ノ救護及家財具ノ搬出看取」「通信伝令ノ援助」「出征軍人ノ家族戦病死者遺族ノ慰問援助」(同隊則第四条)等が採りあげられた。また島根県仁多郡横田村でも、昭和九年に一五〜一七歳の年齢の青年達を中心に「消防後援隊」が組織された。このような年齢層の青年達は、いわば、公立消防組の予備軍的存在であり、連合消防演習への参加をはじめとして、定期的に軍事施設の見廻りも行っている。

一方、昭和四、五年ころにはほとんどの町村で女子消防後援会が組織され、防火活動の重要な一翼を担うようになった。勿論、出初式にも参加するようになり、昭和一一年の宮崎県児湯郡都農町下浜の婦人消防組は「黒ズボン・法被・ベレー帽」という格好で参加しており、戦時下における当時としては注目された。この時期には、男子消防組員が不足し、消防活動が十分に機能することが不可能となる状況もあり、女子消防後援会といえども消火活動に積極的に参加するようにもなった。そのような動きは既存の国防婦人会、処女会等においても同じであった。

(6) 公立消防組の組織化完了

関東大震災以降、警察は公立消防組設立をより一層促進していった。昭和六年における東北地方の公立消防組の組織率は、宮城県を除いた他の五県は九〇%を超える状況であった。

昭和八年、宮城県では県警察部長名を以て「公設消防組設置ニ関スル件」の指示通達が出され、公立消防組の設立要請が行われた。それに対して、その当時の時局柄、町村の裁量の余地はほとんどなく、県下の消防組は全て公立化されるに至った。この時期の消防組公立化は、政府の命令に基づいて行われたものであり、昭和一一年ころまでにはごく一部を除いては全国ほとんどの消防組は公立化された。しかし、宮城県志田郡鹿島台町のように、当時の町長が警察の意向を受け入れ公立消防組を設置したものの、実際は形式を整えたに過ぎず、これまで同様にむら消防組を中心として消防活動にあたるというところも見られた。また、同県遠田郡中埣村のように村議会がむらの十分な合意を得ないままに公立消防組設置を議決したために、それに異を唱えた一部のメンバーが、これまでどおりに私

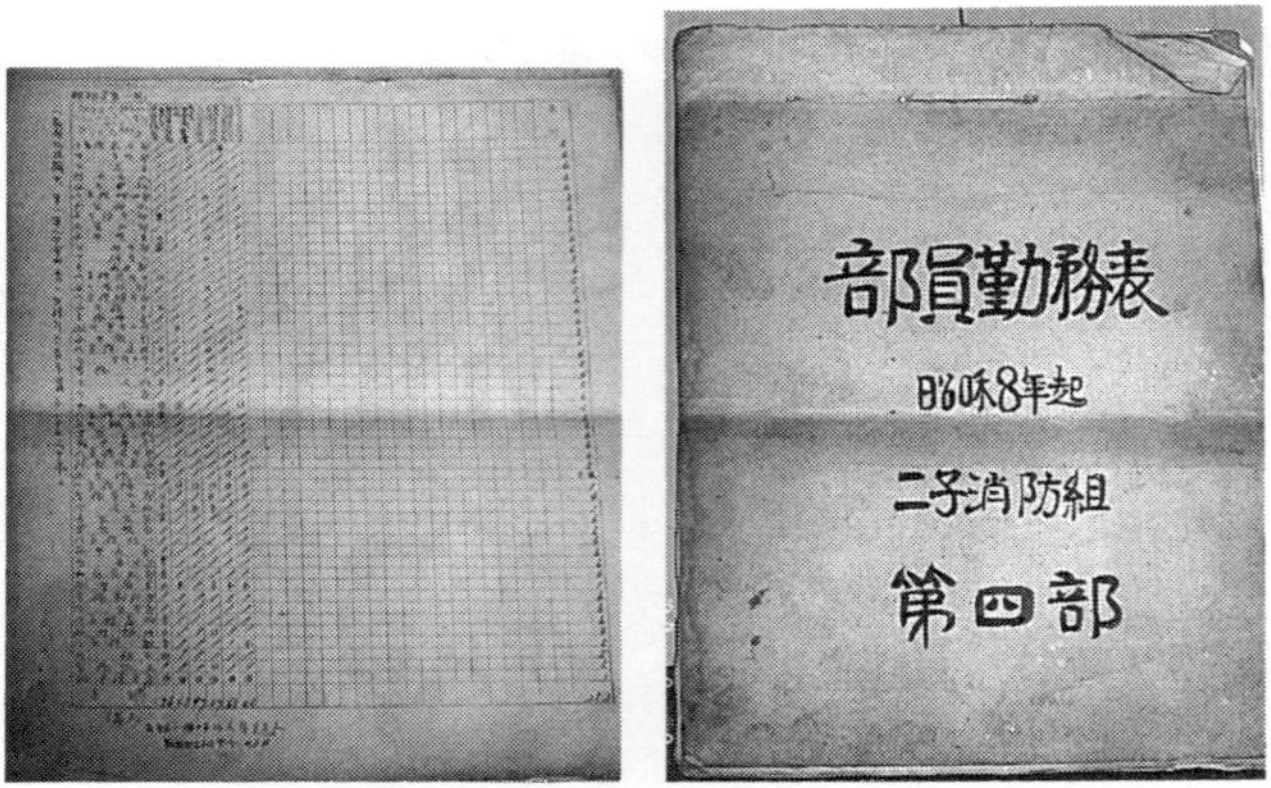

「消防団員勤務表の一部」（北上市立博物館所蔵）

立消防組を存続させるということもあった。

ところで、昭和五、六年ころには、公立消防組においては自動車ポンプが徐々に普及しはじめたが、その当時の価格はおよそ四、〇〇〇円前後と高額であったために、その購入に際しては、これまでと同様に寄付金をもって賄われることが多かった。所によっては、「人件費を押さえるために、組員の定員定数の削減」（岩手県上閉伊郡大槌町）を行ったり、あるいは中古品の購入（青森県下北郡脇野沢村）を以て充当するところも見られた。

(7) 警防団設置と消防組の廃止

軍部の指導のもとに、昭和五、六年ころから全国各地に民間防衛組織として「戦時事変非常災害ニ際シ関係官公衙ノ防護事務ニ対シ統制アル援助ヲナシ西多摩村ノ災害ヲ防止シ住民ノ安全ヲ図ルヲ以テ目的トス」（昭和一二年、東京都西多摩村防護団規約第二条『羽村町史』）という形で防護団が設置され、その内部機構として「防火班」が設定されたものの、時には消防組と対立することも少なくなかった。当時の社会状況からして、両者の対立は国防上問題が多かったために、昭和一四年一月二四日に、それら二つを合体させることを目的として勅令第二〇号によって警防団が成立した。「警防団ハ防空、水火消防其ノ他ノ警防ニ従事ス」（第一条）ということからして、時局の状況から「防空」が最重要な任務としてクローズアップされた。消防組においては、既存の組織をそのまま維持することを望んだものの、政府の方針を受け入れざるを得なかった。消防組は警防団に組み込まれ、組織上は解体した。警防団は、警察署長を団長として、各市町村段階に設置された。警防団令の施行細則によれば、内部的には「一〇」部（班）に分かれ、消防部（班）はその一部構成することになり、従来の消防組の保有する消防器具をそのまま引き継がれた。

消防組の解組式と警防団結団式順序（昭和一四年四月一日）

―島根県横田村―

一、団員集合
一、開式の辞
一、国歌斉唱
一、宮城遙拝並に神宮遙拝
一、出征兵士の武運長久祈願並に傷病兵の治癒祈願及び戦病死者の追悼默祷
一、国民精神作興に関する詔書奉読
一、金馬簾三條の伝達
一、村長祝辞
一、表彰状授与
一、感謝状並に記念品贈呈（消防組頭、倉内巡査）
一、退職者に感謝状記念品贈呈
一、表彰者代表答辞
一、消防組解散の辞（前組頭中澤倉太郎）

一、結誓式
一、結成に至る迄の経過報告（申請状況編成状況）
一、辞令書授与
一、知事告辞（代理警防課長）
一、警察署長訓示
一、来賓祝辞（村長、農学校長、小学校長）
一、団長結団の辞
一、誓詞
一、顧問推戴
一、萬歳三唱
一、閉式の辞
一、式後校庭に於て中隊教練、閲兵、分列式
一、祝賀会開催
一、解散

（島根県『横田町消防誌』）

この時期、日常の災害への対応に加えて、空襲による火事の発生が大幅に増加するのは予測されることであり、「消防部」の活動範囲は拡大した。

また、男子の徴用が多くなることから、留守を預かる女性の防火意識の向上を図ることを目的として、山梨県東八代郡一宮村では昭和一五年に「一宮村家庭防火群々則」（一七カ条）が制定された（山梨県『一宮町誌』）。

第三条 本群ハ内務大臣東部防空統監部又ハ県統監部関係官庁群統監部ノ指揮命令ニ従ヒ活動ヲナス

第四条 本群ハ防空下令（訓練実施）ニアタリ防火群ノ強化、国民自衛防空消防ニ関スル精神ヲ涵養シ実施訓練ノ充全ヲ期スルニアリ

第七条 本群ハ本村在住ノ婦人ニシテ本群ノ趣旨ニ賛同スルモノヲ以テ組織シ県統監部設定要項ニ準拠シ組織ス

第八条 本村家庭防火群ハ主トシテ敵機ノ来襲ニ依リ蒙ルコトアルベキ焼夷弾及毒ガス弾等ニ依リ生ズル危害ヲ尠カラシムル為設立スル近隣ノ自衛機関ナリ

第九条 本村家庭防火群ハ常時家庭ニアル者（主トシテ家庭ノ主婦）各家一名以上ヲ以テ構成ス

第十三条 各家庭ニアリテハ平素左ノ器具ノ一種以上ヲ用意シ置クモノトス

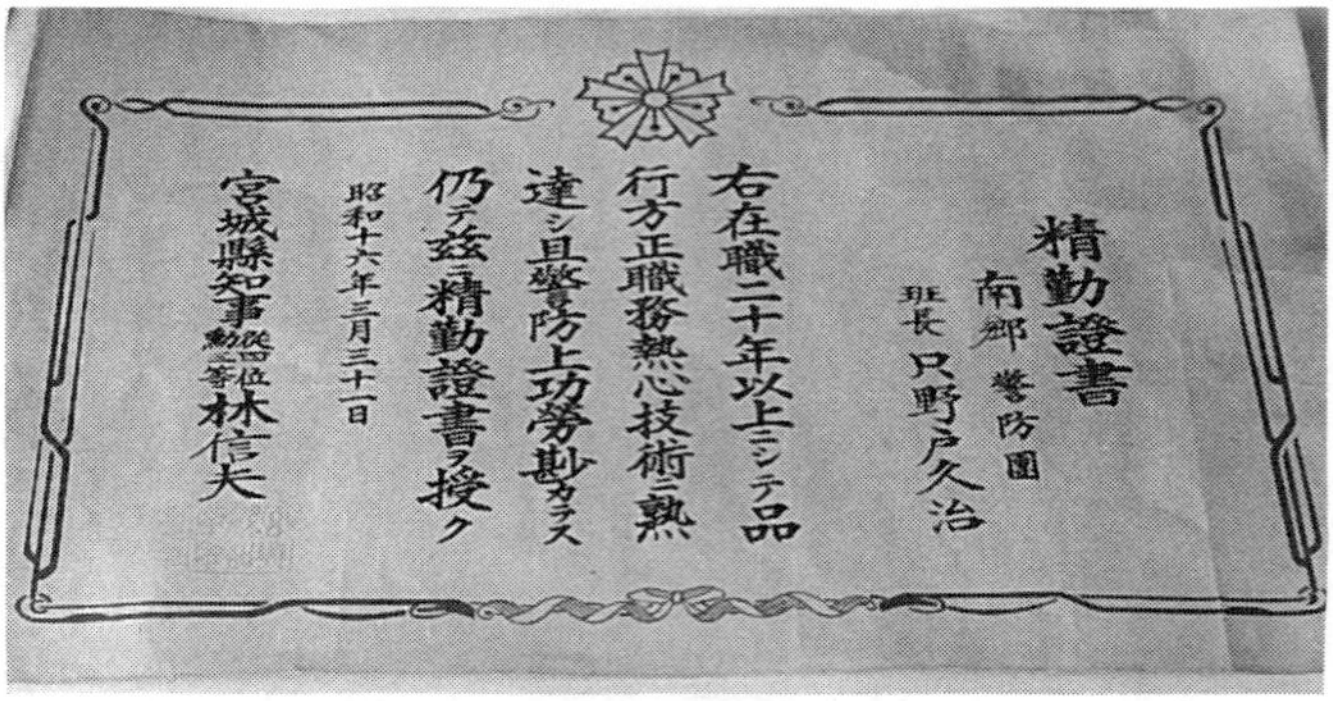
精勤證書
南郷警防團
班長　只野戸久治
右在職二十年以上ニシテ品行方正職務熱心技術ニ熟達シ且警防上功勞尠カラス
仍テ玆ニ精勤證書ヲ授ク
昭和十六年三月三十一日
宮城縣知事　從四位勳三等　林信夫

警防団精勤證書（宮城県南郷町只野戸久男氏所蔵）

水槽及バケツ　消火器　防火土砂

島根県大原郡加茂町でも、昭和一五年隣保班家庭警防隊要綱が作成され、火事の延焼防止ために、火叩きやバケツリレーの訓練がしばしば行われた。

さらに、銃後活動を活発化させるために、昭和一四年三月には愛知県東加茂郡旭村で「国民皆兵ノ本義ト隣保相扶ノ精神トニ基キ挙郷一致兵役義務服行ノ準備ヲ整フルト共ニ軍事援護ノ実施ニ当リ益々義勇奉公ノ精神ヲ振作スルヲ以テ目的トス」とする「旭村銃後奉公会」（愛知県『知多市誌・資料編四』）、宮城県津山町横山黒沢契約講では昭和一二年に契約講の内部に「銃後会」がそれぞれ結成されている。

そして、昭和一五年九月には「部落会町内会整備要綱」が策定され、隣保団結の精神が強調され「町内会」や「部落会」が設置された。その結果、廻番の徹底が

宮城県志田郡三本木町八坂神社境内内に碑が建立されている

碑文の一部

> 而シテ時代ノ推移進運ニ伴ヒ昭和一四年四月一日勅令ヲ以テ従来ノ消防組ヲ改組セラレ、高度国防国家ノ新体制上強力ナル警防団ノ組織ヲ見ルニ至レリ。茲ニ消防組ノ沿革ヲ録シテ後世ニ伝フ。

求められ、一日、五～六回は地域内を巡回することが義務づけられた所も多かった。

(8) 喞筒・鉄骨警鐘台の供出と終戦

昭和一九年には、戦局の悪化に伴い広い範囲にわたって戦時用物資の供出が行われるようになった。消防組においては「喞筒」「警鐘台」といった類いの消防機能の根幹をなすものまでがその対象となった。このような動きは全国一律に繰り広げられた。同年五月一三日に実施された近畿一円の喞筒の受け渡し式の様子は次のようであった（島根県『横田町消防誌』）。

供出者側ノ多年唯一ノ武器トシテ愛撫シ来タッタ喞筒ヲ国策ニ順応シ欣然割愛シタル心情ガ克ク汲ミ取ラレテ只管感謝感激ノ念溢レ居リ喞筒ノ配当ヲ受ケタル関係者代表ノ答辞ニモ断ジテ魂込メタ供出喞筒ヲ本日ヨリ預ッタ以上我ガ子トシテ愛撫スルハ勿論有事ニハ必ズ充分ナル働キヲシテモラウカラ安心サレ度トノ決意披露スル――以下略

夜警日誌綴り
（北上市立博物館所蔵）

昭和二〇年八月一五日に終戦を迎え、同二一年一月三〇日の勅令六二号、同年三月一二日の内務省警保局長の指示によって、警防団の任務から「防空」は除外され、水防、火防活動中心となった。

終戦直後は治安はかなり不安定ではあったが、行政機構それ自体にもかなり混乱が生じていたこともあり、警察に多くを頼ることはできなかった。そのため、警防団がその任を果たさなければならない状況がしばらくの間続き、特に夜警に力を注いだ。

昭和二二年四月二〇日に警防団は廃止され、勅令一八五号により消防団が発足した。その直後の夜警の実態について、岩手県和賀郡立花村（現北上市）第三分団の鳥喰班の取り決め事項は次のようであった。

防犯夜警実施期は、七月一五日より一ヶ月間とする

一、一組二名宛とし次回順番に申し伝へること。
一、警戒時間は午後九時頃より夜明け迄とするも、状況に依り伸縮可、巡回張込等間断なく実施すること。
一、不審者を発見した時は不審尋問することは差支へないが相手方にも納得の行く様にすること。
一、容疑者は取押へて駐在所へ同行し取調べてもらうこと。若し暴力行為等を為し取押困難な場合は近隣から応援を求める措置を講ずること。
一、犯罪の被害届出は大小に不拘、迅速確実に届出ること。
一、巡回に当たっては拍子木、板木等は打たぬこと。
一、当番者は夜警状況を必ず日誌に書くこと。
一、時々駐在巡査の巡回はあるから日誌帳は詰所の見易い所に掛けておくこと。
一、警戒区域は限定せざるも成可く畑地帯を重点的に警戒し巡回経路を記載すること。

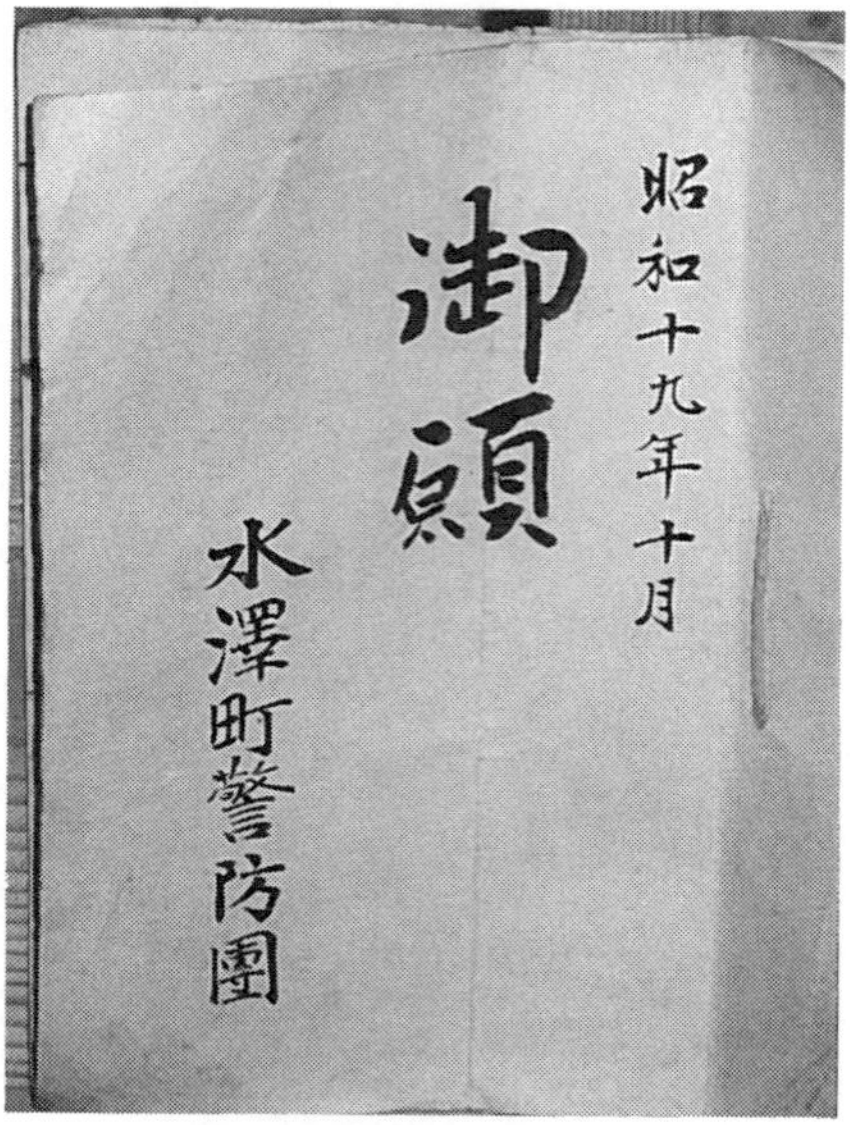

常備消防設置への「御願」
（水沢市消防記念館所蔵）

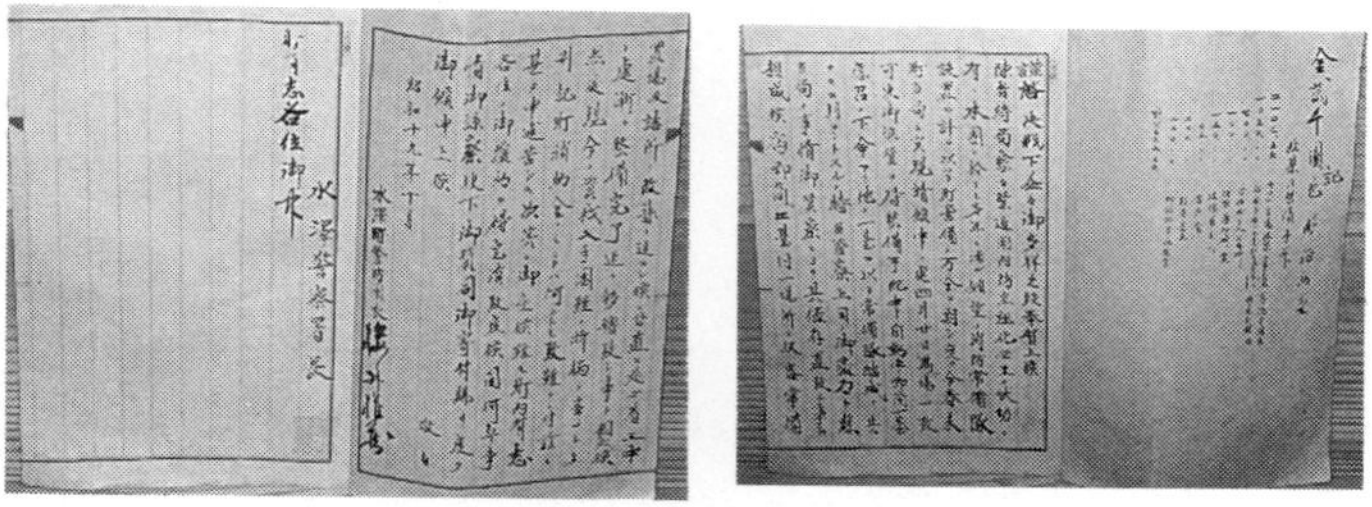

「御願」の趣意書の一部
（水沢市消防記念館所蔵）

夜警が七月一五日からの実施ということからしても、その主な目的は不審者の取り締まりであり、治安の安定を第一義とする当時の警察の意向を受けたものであった。この時期における夜警活動の中心を担ったのは消防団と青年団であり、多くの村では両者共同で実施された。

(9) 消防団令の公布

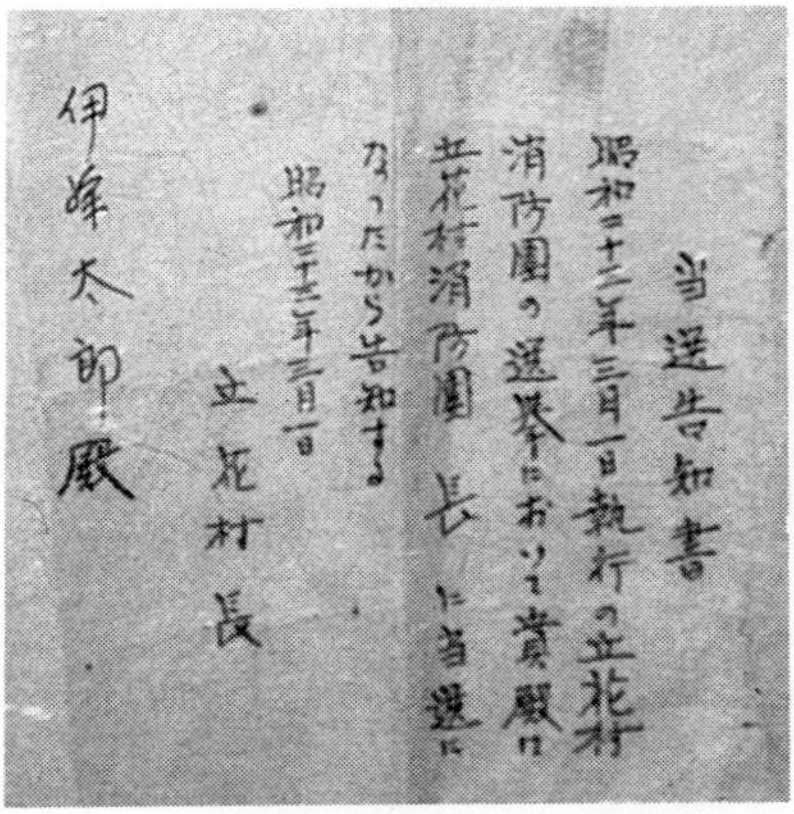
当選告知書
昭和二十二年三月一日執行の立花村消防團の選擧において貴殿は立花村消防團長に当選になったから告知する
昭和二十二年三月一日
立花村長
伊峰太郎殿

昭和22年消防団長当選告知書
（北上市立博物館所蔵）

終戦後間もなく、GHQは日本の民主化制度実現の重要な柱として警察制度と消防制度の在りかたについて多くの問題点を指摘した。昭和二二年四月三〇日には、勅令第一八五号によって消防団令が公布され、五月一日に施行された。その第一条では、「消防団は、郷土愛護の精神を以て社会の災厄を防止することを目的とし、水火災の予防、警戒及び防圧、水火災の際の救護並びにその他の非常災害等の場合における警戒及び救護に従事するものとする」と規定された。すなわち、あくまでも「郷土愛護の精神」を以て災害に対応することが謳われた。しかも、地域住民の主体的な対応を基本とし、自主性が強く求められている。それに加えて、消防に係る費用は市町村負担とすること（第一三条〜第一五条）、消防団は警察部長及び警察署長の管轄下において行動すること（第九条〜第一一条）の二つの点が条文化されている。このような考え方はこれまでの消防組にも貫かれていたものであり、それを改めて再確認したものであった。

消防団の在り方について、警察との関係をいかにするかということを中心として、政府とGHQとの間で再三にわたって検討が加えられ、合意を得るまでにはかなりの時間を要している。昭和二三年三月二四日、日本国憲法が施行されたのに伴い、政令第五九号により消防団令が公布され、勅令消防団令は廃止された。政令消防団令の第一条における目的については勅令消防団令と全く同じ文言であり、消防団においても従来の消防組の流れがそのまま引き継がれた。政令消防団令の大きな特徴は、消防団と警察との分離ということである。すなわち、消防団は警察からは独立した存在と位置付けられ、ここに自治体消防が発足することになった。

消防団発足当時の昭和二三年の消防団員数は全国でおよそ二三〇万人を数えた。その選任権については、「消防団員は、市町村長がこれを命免する」（消防団令第四条）とされ、

4版　昭和23年(1948年)1月

社説

火災予防はわれわれの手で

昭和23年１月12日　朝日新聞社説

各市町村長の権限に属した。消防団発足当時には、従来の警防団員がそのまま継続して消防団員になることが多かった。

まとめとして

現在の消防団の原型はむら消防組に求めることができる。明治以降の歴史的経緯をたどれば、若者契約→消防組→自警団→警防団→消防団ということになる。むらの消防活動は、元来、むら人にとっては自らの生活を守るために必要不可欠なものであり、自然発生的なものであった。そのため、むら独自の対応が組織上に色濃く反映されることが多かった。明治二七年の勅令消防組規則の制定を機に、明治政府の本格的な消防政策が展開され、むら消防組はしだいに行政町村段階に設立される公立消防組化という過程をたどることになるが、むら消防組が消滅したということではなかった。

◆むら消防組の運営と寄付行為

むら消防組においては、その運営に係る経費は早くからむら人からの寄付に委ねられることが多かった。それは表面的には任意の寄付であっても、実際は強制力を伴うものであった。火事の延焼に伴う被害の拡大や時として出火元という加害者的立場に身をおくことも予期される火事の特異性からして、むら人の不平や不満は押さえられたのであった。すなわち、寄付行為は、むらの「主体的」「自主的」対応という側面はあるものの、その根底には、むらの強い縛り（共同体的規制）があった。明治二七年の勅令消防組規則において、むら消防組が否定され、公立消防組の設立を強く企図しつつも、その財政的基盤を慢性的財源不足の状況下にある町村に委ねるということからすれば、それがストレートにむらに転嫁されることは自然であった。その意味においても、むら消防組は機能し続けたのである。

◆「民衆の自警化」政策と消防組

消防章程の制定以降、消防組は防火に限らず、むらの治安の安定のためにあらゆる面において警察の補助機関として位置付けられ、警察の指示によって行動することが求められた。しかし、消防組がむらの利害において行動することも多く、警察と対立することも少なくなかった。勅令消防組規則は、消防組及び消防組員に対して非常時のみならず、日常活動における行動についても警察の指導、規制を加えることを規定した。そのために、両者はより緊密な関係を築く必要もあり、これまで以上に日常的接触を積み重ねる事が求められるようになった。その現れの一つがポンプ置き場と警察派出所の隣接である。

時局に応じて組織された自警団、警防団は消防組を主体としたものであり、消防組再編の動きと捕らえることができる。消防組織は、明治政府が一貫して求めた「民衆の自警化」を最も体現する組織として重要視された。

あらゆる消防活動には「むらの全ての人のため」という大義名分は常に成り立つ。その意味においては、その中心に位置するむら消防組の行動に対しては、むらの共同体規制が強められるのは当然の成り行きでもあった。

おわりにあたって

―新たな消防団組織を展望する―

(1) 消防団の存立基盤は「むら」

戦前まで、消防活動に対する運営費の拠出はもとより、メンバーの選出においてもむらの丸抱えであり、その意味においては「むらの消防」であった。

昭和二三年三月七日の「消防団令」の第一条において、「消防団は、郷土愛護の精神を以て社会の災厄を防止することを目的とする」いうことが謳われており、戦後新たに組織化された消防団においても、むらとのかかわりにおいては戦前の消防組と同一の脈絡上に位置づけられたのである。

だが、その条文に謳われた「郷土愛護の精神」の根底をなすむらの社会・経済的構造が戦後半世紀の間に大きく様変わりをした結果、消防団を取り巻く状況も変化を余儀なくされた。それは昭和三〇年代後半以降の高度経済成長下における消防団員数の激減に顕著に表れたのであった（図—1）。

昭和三五年には、全国では消防団数四、〇一六、消防団員数はおよそ一五九万人を数えたが、平成一二年には、消防団数三、六四三、消防団員数はおよそ九五万人となった。すなわち、四〇年間に、消防団数は三七三、消防団員数は六四万人も減少した。特に消防

（図―１）

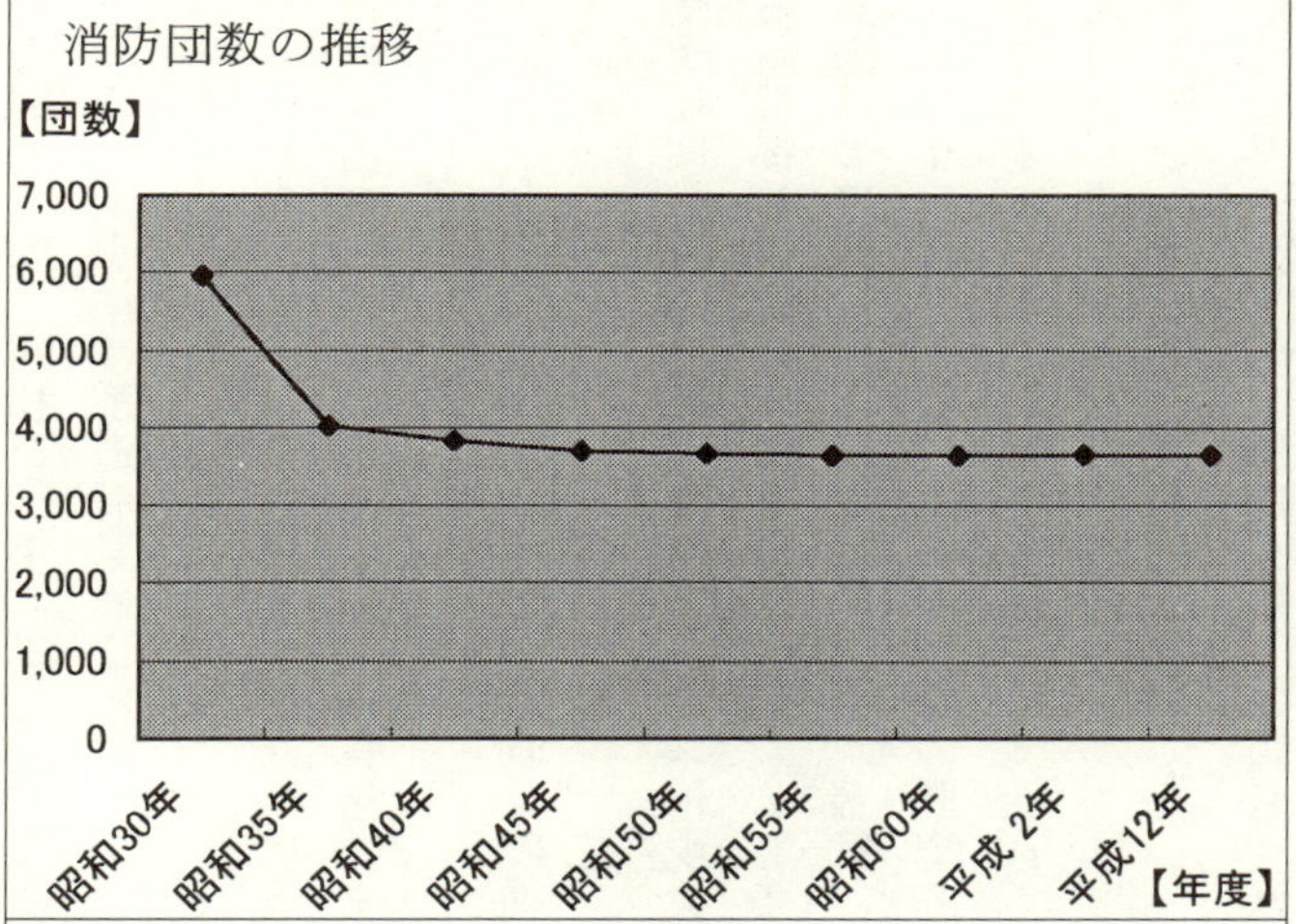
消防団数の推移
【団数】
7,000
6,000
5,000
4,000
3,000
2,000
1,000
0
昭和30年
昭和35年
昭和40年
昭和45年
昭和50年
昭和55年
昭和60年
平成 2年
平成12年
【年度】

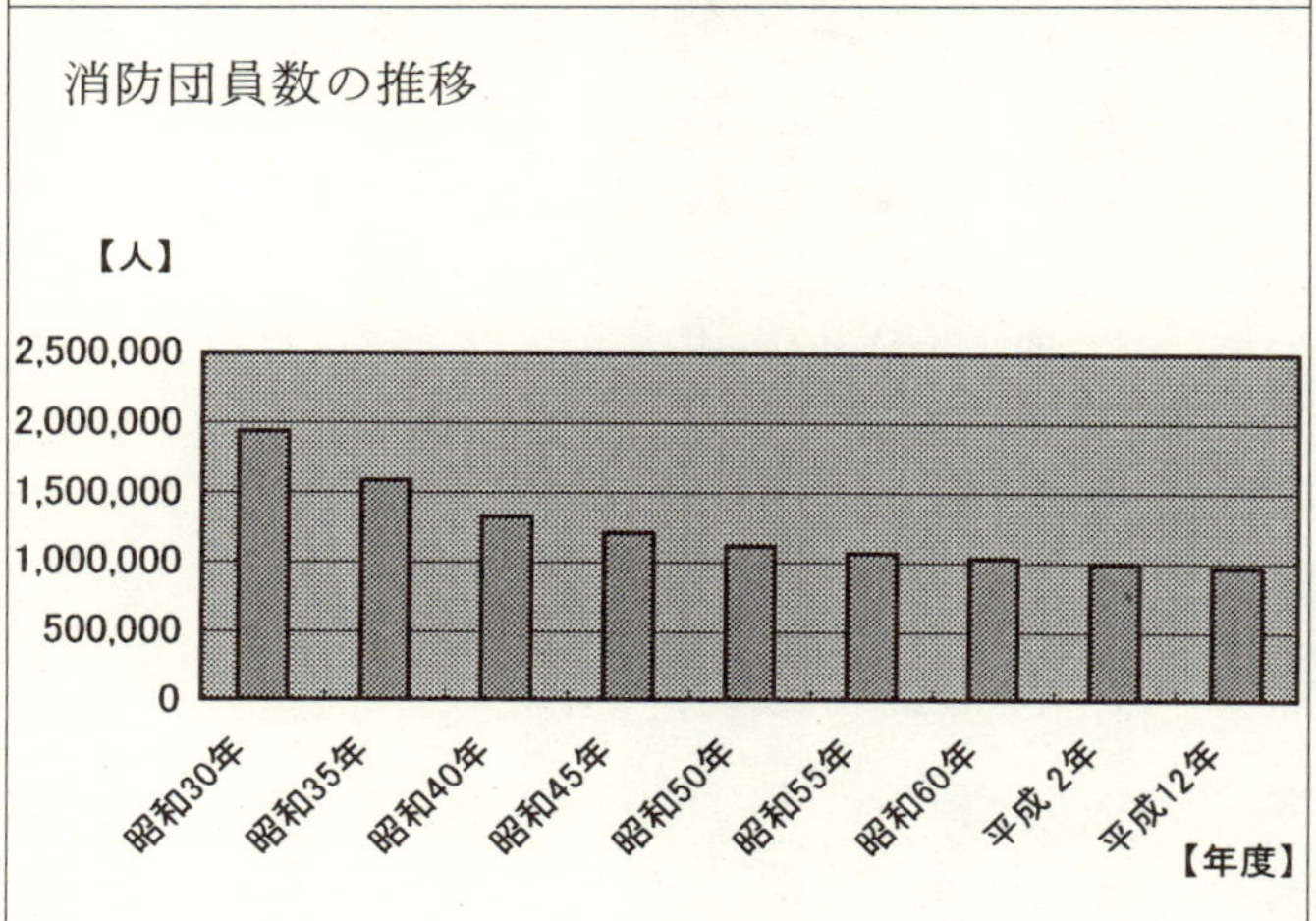
消防団員数の推移
【人】
2,500,000
2,000,000
1,500,000
1,000,000
500,000
0
昭和30年
昭和35年
昭和40年
昭和45年
昭和50年
昭和55年
昭和60年
平成 2年
平成12年
【年度】

団員数に関しては、昭和三〇年に二〇〇万人の大台を割り込んでからは一貫して減り続けている。その減少率は都道府県によって多少のばらつきは見られるものの、全国的な趨勢でもあった。

しかしながら、このような激変のさなかにおいても、消防団員の後補充問題や消防団の運営費の拠出方法においては、むらの長年のやり方が踏襲されているところも少なくない。

(2) 消防団不要論の台頭と組織の見直しの動き

高度成長期を通じて都市部のドーナッ化現象の進展による中心部の空洞化、またむらにおける就業構造の変化による職住分離、そして、それらに伴う地元帰属意識の低下によって消防団員の確保や災害発生時の出場の困難という状況が生じたのであった。

昭和五〇年代後半ころには「消防団の歴史的な使命は終わった」という人々も多く見られるようにもなり、消防団不要論さえも台頭した。それは、地域防災は本来的には都道府県や市町村が果たすべき行政機能の一つであり、常備消防のより一層の拡充を求める議論に収斂されていったのである。

しかしながら、平成七年に発生した阪神・淡路大震災において、災害発生時における常

阪神・淡路大震災における消防団員の活動

備消防職員数の絶対的不足と一機関で対応不可能な多種・多様な問題の生起、さらには消防団活動の日常的活動の違いによる復旧へのスピードの歴然たる差異は、消防団組織を見直す気運を作り出して行った。

そして、昭和四〇年代後半から全国各地で展開され始めた新たな地域社会の創造を企図するコミュニティ運動の中でも防災問題は重要な位置を占めるようになった。それとともに、各行政段階において新たな地域防災計画も策定され、消防団についても、組織自体の在り方とその位置付けをめぐってこれまで以上に議論された。

(3) 新たな消防団組織への模索

消防団の見直しの論議の過程において、その論議の中心となったのは消防団加入問題と、消防団の果たすべき役割と将来像に関するものであった。

◆消防団加入問題

この問題について、平成三年に岩手県紫波町が行った消防団員を対象とした意識調査を手がかりとして、その傾向の一端を見ておきたい。

「消防団への入団者が少ないのはなぜか」(図―2)という問いに対しては、「仕事が忙しい」というのが二四・六%と最も高く、「行事が多く、自分の時間がなくなる」が一八・七%、「奉仕の心が薄れて来ている」が一七・九%と続き、この三つで全体の六割を越えている。すなわち、消防団員を取り巻く就業構造や若者を中心とした生活スタイルの変化が反映されている事がうかがえる。それを解決する手立てとして「どんなことをすればよいか」(図―3)という質問に対しては、「地域課題として住民に考えてもらう機会を作る」が一八・八%であり、「近代的で魅力ある消防団の創造」が一七・八%、「会社や事業所が団員確保や出勤についての配慮をしてほしい」が一六・五%と続く。消防団問題を組織内部の在り方からという観点のみならず、地域全体の問題として採り上げることが強く求められていることを注目したい。それは、既存の消防団においては、地域社会構造の変化に十分対応できない状況が現れていることを、消防団員自身が強く感じていることの表れで

＜消防団への入団者が少ないのはなぜか＞

項　　　　　　目	割合(％)
仕事が忙しい	24.6
行事が多く、自分の時間がなくなる	18.7
奉仕の心が薄れて来ている	17.9
ポンプ操法がある	12.3
報酬が安い	7.1
命令されるからいやだ	7.1
消防は古い、カッコ悪いという感じ	5.8

（図―２）消防団への入団者が少ないのはなぜか

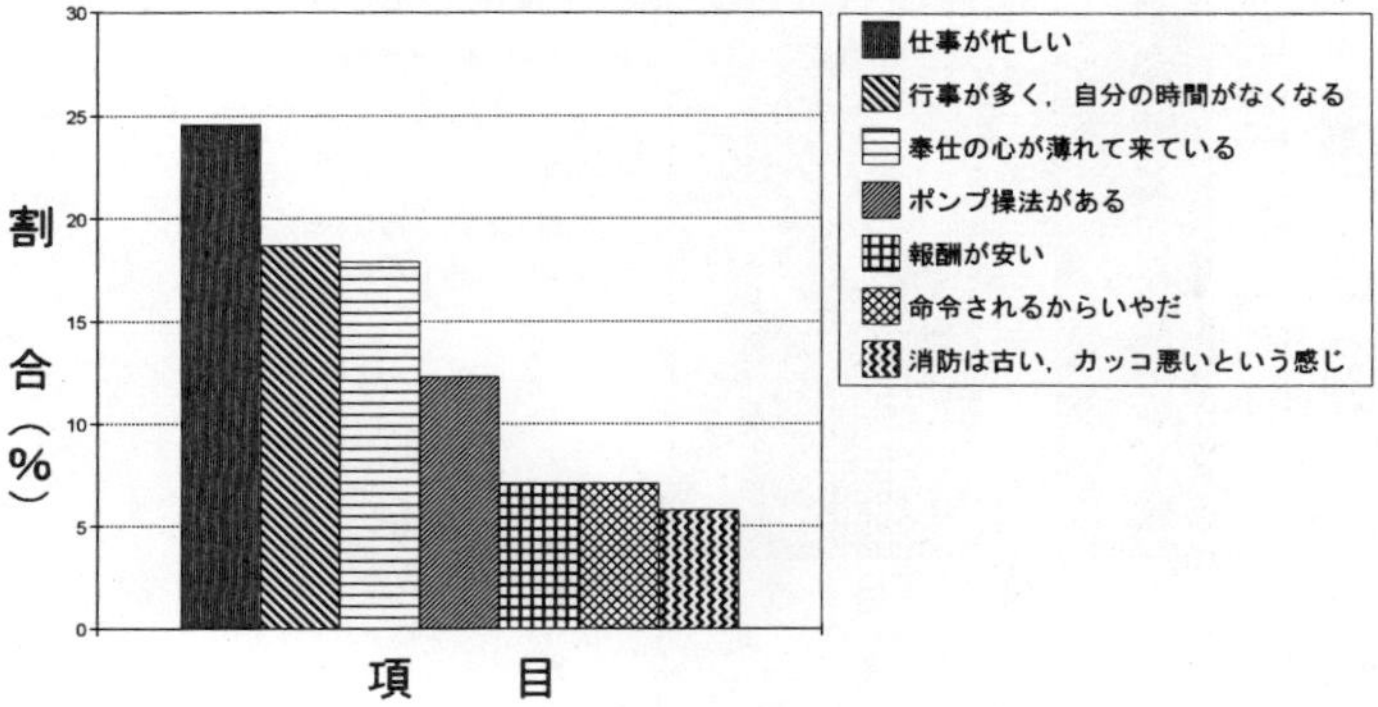

平成３年２月　岩手県紫波町『紫波町消防団アンケート』より

<入団を促すためにはどうすればよいか>

項　　　　　　　　目	割合(%)
地域課題として住民に考えてもらう機会を作る	18.8
近代的で魅力ある消防団の創造	17.8
会社や事業所が団員確保や出勤についての配慮	16.5
報酬をアップさせる	10.5
組織を見直し、団員を少なくする	10.0
もっと地域と密着した活動を取り入れる	7.7

（図一3）入団を促すためにはどうすればよいか

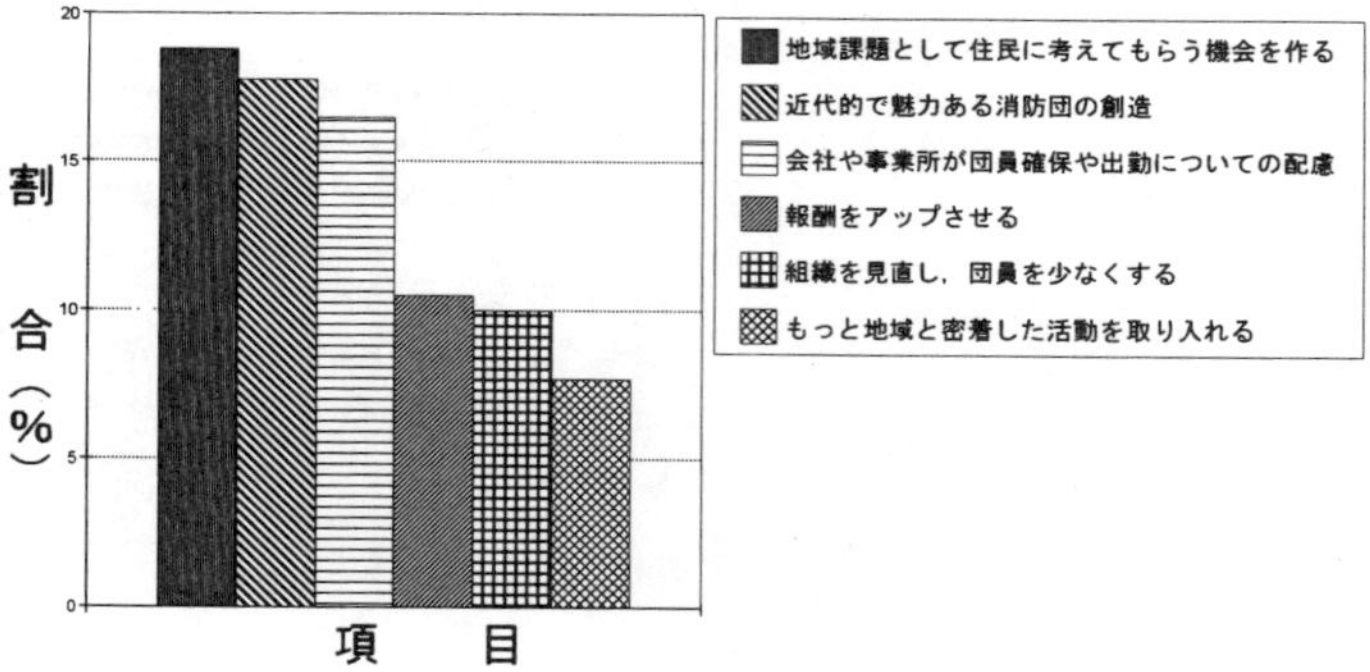

平成3年2月　岩手県紫波町『紫波町消防団アンケート』より

もあった。

◆消防団の果たすべき役割と将来像

仙台市が平成七年九月、市政モニターと各区区政アドバイザーに対して行ったアンケート調査結果によると、「消防団に何を期待しますか」（図―4）という問いに対しては、「地震・災害時の消防活動や大雨の時の水防活動」が一九・七％と最も高く、「災害時、津波警報発令時などの避難誘導」が一七・二％、「災害時の寝たきり老人、一人暮らし老人、身体障害者などの救出」が一六・八％と高く、「日頃からの防火指導」が一一・四％と続いている。これらを年代別で見ると、六〇歳代以上の高齢者において、前三者の割合が他の年代層と比較してかなり高くなっている。この調査は阪神・淡路大震災の直後ということもあるが、高齢者にとっては、大災害時の際に消防団の活動に対する期待度の高さがうかがえる。

また、平成一〇年三月の消防庁の「二一世紀に向けた消防団の充実強化に関する報告書」（同委員会刊行）によると、「消防団の二一世紀に向けた充実のための具体的方策」として、「組織運営改善」「ＰＲ」「処遇改善」「地域理解促進」「行事等削減・工夫」「施設設備の充実」「事業所理解促進」「実践的訓練」「募集方法再考」等が上位を占めている。特に全体の一六・九％とその比率が最も高かった「組織運営改善」においては、「災害現場以外の

＜消防団に何を期待しますか＞

項　　　　　目	割合（%）
地震・災害時の消防活動や大雨の時の水防活動	19.7
災害時，津波警報発令時などの避難誘導	17.2
災害時の寝たきり老人，一人暮らし老人，身体障害者などの救出	16.8
日頃からの防火指導	11.4
強風時の防火広報	10.0
自主防災組織，婦人防火クラブの指導育成	8.5
コミュニティ防火センター資機材の維持管理及び取扱指導	6.6
家庭を巡回しての防火診断	5.2
市民に対する応急手当の指導	4.5
その他	0.1

（図ー4）消防団に何を期待しますか

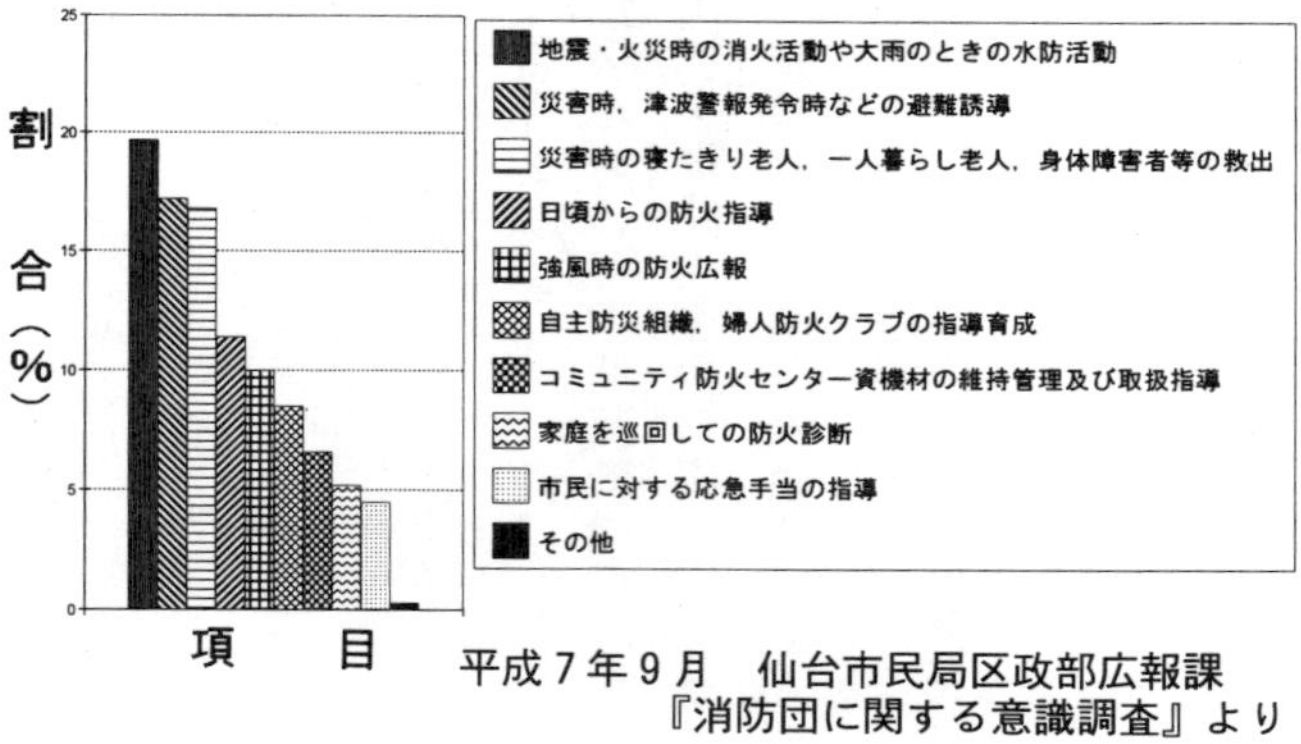

平成7年9月　仙台市民局区政部広報課
『消防団に関する意識調査』より

活動においては、上下関係なしで話しあえるような雰囲気がほしい」という意見が多く見られる。特に「二九歳以下」「三〇歳代」においてこの割合はかなり高くなっている。そのことからしても、新たな消防団組織づくりに当たっては、内部改革の必要性は避けることのできない重要な問題である。

(4) 新しい時代の消防団の在り方への提言

消防団内部の伝統的な体質の改善を図って行くことは各種のアンケート結果からも明らかである。それとともに、消防団においてはこれまで他団体との連携という面についてはそれほど意を用いて来なかったという経緯があることは否定できない。

阪神・淡路大震災における延べ一三〇万人にものぼるボランティア活動に参加した人々を目のあたりにして、ボラティア活動と消防団のより積極的な関わりを模索するのは自然な成り行きであった。特に大震災後にあっては、両者間には具体的な活動においてそれほど大きな違いを感じている人々は少なく、両者の協働を具体的な場面においていかに構築して行くかということが重要である事は明らかである。

そのためにも、消防団は地域的集団の限界を自覚してボラティア活動のもつ多様性を積

阪神・淡路大震災のときのボランティア活動

極的に受け入れる姿勢が求められる。特に、最近の若い消防団員にあっては、これまで以上に、自分たちの活動が地域ボランティアであるという認識をもつ人が多く、自分自らも積極的に他地域の災害時のボランティア活動に参加している人も少なくない。

日本においてはこれまでボランティア活動の未成熟さが指摘されており、特に、災害活動の場面においてはその傾向は強かった。しかし、最近のボランティア活動は一時的な時流によって生じた現象ではなく、戦後の日本社会の変化の中で確実に醸成されて来たものであるということは疑いのないことである。

さらに、地縁のみならず職縁の各段階に自主防災組織がかなり組織化されて来ており、それらとの連携強化を図って行く必要がある。もちろん、これらを直ちに消防団と同列において論じることは早計ではあるが、両者の距離感を縮小する努力はしなければならない。自主防災組織は消防団に比較して、ゆるやかな縛りの組織体であり、災害発生時にはそれほど役に立たないという指摘はなされて来たものの、防災意識の向上をはじめとして、多くの事例を通じてその有効性が見直される気運が高まりつつある。

　消防団は明らかに変化しつつあるものの、近視眼的にその改革を行ってもそれは一時しのぎになる危険性は多分にある。そのためには、消防団のこれまでの地域社会との関わりについての歴史的な経緯を正しく理解し、かつ消防団関係者だけの問題として捕らえるのではなく、新しい地域社会創造にとって重要な柱であることを認識する必要がある。

　いずれにしても、防災は人間の生存にとって必要不可欠な要件であり、すべての人間が主体的にそれにかかわる責務があるということを忘れてはならない。

「負けるもんか大震災」の横断幕を掲げ市民を勇気づける神戸市葺合消防団

「主な参考・引用文献」

・大島美津子『明治のむら』教育社一九七七
・天野武『若者の民俗』ぺりかん社一九八〇
・大石嘉一郎『近代日本の地方自治』東大出版会一九九六
・山岡健『年齢階梯制の研究』北樹出版一九九三
・井上清編『大正期の政治と社会』岩波書店一九六九
・後藤一蔵『永遠なり、むらの心』富民協会一九九〇
・鳥越皓之『地域自治会の研究』ミネルヴァ書房一九九四
・児玉幸多『近世農民生活史（新稿版）』吉川弘文館一九七七
・大霞会編『内務省史・第二巻〜第三巻』原書房一九八一
・大日方純夫『警察の社会史』岩波新書一九九三
・熊谷辰次郎『大日本青年団史』熊谷辰次郎一九三六
・魚谷増男『消防の歴史四百年』全国加除法令出版一九六五
・鈴木淳『町火消たちの近代』吉川弘文館一九九九
・石川消防史編さん委員会『石川県消防史』石川県消防協会一九六一
・富山市消防史編纂委員会『富山市消防史』富山市消防本部一九九〇
・荒垣長次郎編『福島県消防沿革史』福島県消防協会一九三二

「主な参考・引用文献」

・千葉県消防協会『千葉県消防史』葵出版社一九六八
・宮城県消防協会『宮城県消防史』宮城県消防協会一九七七
・中村清治『米沢消防史』遠藤書店一九八九
・青森県消防史編集委員会編『青森県消防史』青森県消防協会一九九四
・大畑町消防史編纂委員会編『大畑町消防史』大畑町消防団八十周年記念事業協賛会一九九一
・菊池留雄『遠野消防沿革誌』遠野市消防本部一九六九
・脇野沢村消防史編纂委員会『消防の記録―脇野沢消防史―』脇野沢村消防団一九七七
・岡山市消防史編纂委員会編『岡山市消防史』岡山市消防局一九八八
・茨城県総務部消防防災課編『いばらきの消防』茨城県総務部消防防災課一九八九
・いわて消防物語刊行委員会『いわて消防物語』岩手県消防協会一九八六
・徳田正明編著『がんばれ消防団』近代消防社二〇〇〇
・大木和平編『櫛田消防五十年史』大門町消防団第二分団一九六五
・静岡県消防学校編『静岡県消防のあゆみ』静岡県消防学校一八八一
・藤口透吾・小鯖英一共著『消防一〇〇年史』創思社一九六八
・交田文雄編『長良消防のあゆみ』長良消防蛇の目組保存会準備委員会一九八二
・山本忠一郎編『日光消防組資料』山本忠一郎一九七八
・日本消防協会百周年記念事業常任委員会編『日本消防百年史一～四』日本消防協会一九八二～一九八四
・高見俊之『火の見望楼』高見俊之一九八九
・産経新聞盛岡支局監修『纏に生きる』熊谷印刷出版部一九六三

・横田町消防誌編纂委員会『横田町消防誌』横田町一九八一
・仙台消防組『仙台消防誌』仙台消防組一九三五
・北上市消防史誌編纂委員会『北上市消防史誌』北上市消防史誌編纂委員会一九八一
・小宮山清三『農村消防の革新』大日本消防学会一九二六
・小宮山清三『消防と団体禁酒』大日本消防学会一九二六
・紫波町『紫波町消防団の歩み』紫波町消防団一九九二
・大河原消防後援会『大河原消防誌』大河原町一九二六
・佐藤亀齢『宮城県消防発達史』宮城県消防発達史刊行会一九三四
・音別町史編さん委員会『音別町史』音別町一九八五（北海道）
・雨竜町百年史編纂委員会『雨竜町百年史』雨竜町一九九〇（北海道）
・紋別市編さん委員会『新紋別市史・上巻』紋別市一九七九（北海道）
・尻岸内町々史編さん委員会『尻岸内町史』尻岸内町一九七〇（北海道）
・歌登町教育委員会『歌登町誌』歌登町一九八〇（北海道）
・室蘭市史編さん委員会『新室蘭市史・第四巻』室蘭市一九八七（北海道）
・平賀町誌編さん委員会『平賀町誌・上巻』平賀町一九八五（青森県）
・七戸町史刊行委員会『七戸町史』七戸町一九八五（青森県）
・田代町『田代町史資料・第二十二輯』田代町一九九〇（秋田県）
・大森町郷土史編さん委員会『大森町郷土史』大森町一九八一（秋田県）
・雄物川郷土史編纂会『雄物川町郷土史』雄物川町一九八〇（秋田県）

「主な参考・引用文献」

・朝日村史編さん委員会『朝日村史・下巻』朝日村一九八五（山形県）
・温海町史編さん委員会『温海町史・上巻』温海町一九七八（山形県）
・大槌町史編纂委員会『大槌町史・下巻』大槌町一九八四（岩手県）
・釜石市誌編纂委員会『釜石市誌・通史』釜石市一九七七（岩手県）
・西根町史編纂委員会『西根町史・下巻』西根町一九八八（岩手県）
・雫石町史編纂委員会『雫石町史』雫石町一九七九（岩手県）
・胆沢町史刊行会『胆沢町史Ⅷ』胆沢町一九八五（岩手県）
・本吉町誌編纂委員会『本吉町誌』本吉町一九八二（宮城県）
・大河原町史編纂委員会『大河原町史・諸史編』大河原町一九八四（宮城県）
・松山町史編纂委員会『松山町史』松山町一九八〇（宮城県）
・七ヶ宿町史編纂委員会『七ヶ宿町史・生活編』七ヶ宿町一九八二（宮城県）
・中新田町史編さん委員会『新編中新田町史・下巻』中新田町一九九九（宮城県）
・亘理町史編纂委員会『亘理町史・下巻』亘理町一九七七（宮城県）
・石巻市史編さん纂委員会『石巻の歴史・第三巻』石巻市一九八八（宮城県）
・大衡村誌編纂委員会『大衡村誌』大衡村一九八三（宮城県）
・鹿島台町史編さん委員会『鹿島台町史』鹿島台町一九九四（宮城県）
・津山町史編纂委員会『津山町史資料編Ⅱ・Ⅲ』津山町一九九三（宮城県）
・本吉郡誌編纂委員会『本吉郡誌』本吉郡町村長会一九四九（宮城県）
・楢葉町史編纂委員会『楢葉町史・第三巻』楢葉町一九八五（福島県）

・梁川町史編纂委員会『梁川町史・近現代Ⅰ』梁川町一九八七（福島県）
・河東町史編さん委員会『河東町史・下巻』河東町教育委員会一九八三（福島県）
・桑折町史編纂委員会『桑折町史・第七巻』桑折町出版委員会一九九一（福島県）
・矢吹町史『矢吹町史・第四巻』矢吹町一九七九（福島県）
・宮城村誌編集委員会『宮城村誌』宮城村一九七三（群馬県）
・長野原町誌編纂委員会『長野原町誌・下巻』長野原町一九七六（群馬県）
・伊香保町教育委員会『伊香保誌』伊香保町一九七〇（群馬県）
・新里村誌編纂委員会『新里村誌』新里村一九七四（群馬県）
・倉渕村誌編集委員会『倉渕村誌』倉渕村一九七五（群馬県）
・横野村誌編纂委員会『横野村誌』横野村誌編纂委員会一九五六（群馬県）
・下総町史編さん委員会『下総町史・近現代編資料集』下総町一九九一（千葉県）
・酒々井町史編さん委員会『酒々井町史・通史』酒々井町一九八七（千葉県）
・横芝町史編纂委員会『横芝町史』横芝町一九七五（千葉県）
・黒羽町史編さん委員会『黒羽町誌』黒羽町一九八二（栃木県）
・壬生町『壬生町史・通史編Ⅱ』壬生町一九八八（栃木県）
・田沼町『田沼町史・第五巻』田沼町一九八三（栃木県）
・加須市史編さん室『加須市史・通史編』加須市一九八一（埼玉県）
・新座市教育委員会市史編さん室『新座市史・第三巻』新座市一九八五（埼玉県）
・岩槻市史編さん室『岩槻市史・近代資料』岩槻市一九八四（埼玉県）

「主な参考・引用文献」

・志木市『志木市史・近代資料編』志木市一九八六（埼玉県）
・草加市史編さん委員会『草加市史・民俗編』草加市一九八七（埼玉県）
・川口市史編さん室『川口市史・近代資料編Ⅰ』川口市一九八三（埼玉県）
・関城町史編さん委員会『関城町史・通史編・下巻』関城町一九八七（茨城県）
・内原町史編さん委員会『内原町史・通史編』内原町一九九六（茨城県）
・山方町誌編さん委員会『山方町誌・下巻』山方町文化財保存研究会一九八二（茨城県）
・羽村町史編さん委員会『羽村町史』羽村町一九七四（東京都）
・東京都品川区『品川区史・続資料編（二）』東京都品川区一九七六（東京都）
・秦野市『秦野市史・民俗編』秦野市一九八七（神奈川県）
・城山町『城山町史・七（通史編）』城山町一九九七（神奈川県）
・藤野町『藤野町史・通史編』藤野町一九九五（神奈川県）
・栄村誌編さん委員会『栄村誌・下巻』栄村一九八二（新潟県）
・黒川村誌編集委員会『黒川村誌・民俗一』黒川村一九八四（新潟県）
・栃尾市史編集委員会『栃尾市史・中巻』栃尾市一九七九（新潟県）
・小国町史編集委員会『小国町史・本文編』小国町一九七六（新潟県）
・三島町史編集委員会『三島町史・上巻』三島町一九八四（新潟県）
・下部町誌編集委員会『下部町誌』下部町一九八一（山梨県）
・一宮町誌編集委員会『一宮町誌』一宮町一九七一（山梨県）
・田富町誌編集委員会『田富町誌』田富町一九八一（山梨県）

・上野原町誌刊行委員会『上野原町誌・下巻』上野原町一九七五（山梨県）
・上村民俗誌刊行会『南信州上村・遠山谷の民俗』上村民俗誌刊行会一九七七（長野県）
・阿智村誌編集委員会『阿智村誌・下巻』阿智村誌刊行委員会一九八四（長野県）
・大町市史編纂委員会『大町市史・第四巻』大町市一九八五（長野県）
・坂城町誌刊行会『坂城町誌・下巻』坂城町一九八一（長野県）
・信州新町教育委員会『信州新町史・下巻』信州新町一九七九（長野県）
・宮田村誌編纂委員会『宮田村誌・下巻』宮田村誌刊行会一九八三（長野県）
・箕輪町誌編纂刊行委員会『箕輪町誌・第一巻』箕輪町誌編纂刊行委員会一九七六（長野県）
・高遠町誌編纂委員会『高遠町誌・下巻』高遠町誌刊行会一九七九（長野県）
・中野市誌編纂委員会『中野市誌・歴史編』中野市一九八一（長野県）
・諏訪市史編纂委員会『諏訪市史・中巻』諏訪市一九八八（長野県）
・豊丘村誌編纂委員会『豊丘村誌』豊丘村誌刊行会一九七五（長野県）
・越前町誌編集委員会『越前町史・下巻』越前町一九七七（福井県）
・美山町史編さん委員会『美山町史・上巻』美山町一九八四（福井県）
・立山町『立山町史・下巻』立山町一九八四（富山県）
・魚津市史編纂委員会『魚津市史・下巻』魚津市一九七二（富山県）
・能都町史編集専門委員会『能都町史・第一巻』能都町一九八〇（石川県）
・能登島町史専門委員会『能登島町史・資料編第二巻』能登島町一九八三（石川県）
・富士宮市史編纂委員会『富士宮市史・下巻』富士宮市一九八六（静岡県）

「主な参考・引用文献」

・藤枝市史編纂委員会『藤枝市史・下巻』藤枝市一九八〇（静岡県）
・新居町史編さん委員会『新居町史・第九巻』新居町一九八四（静岡県）
・浜北市『浜北市史・資料編（近現代）』浜北市一九九九（静岡県）
・豊田市史編さん専門委員会『豊田市史・三巻』豊田市一九七八（愛知県）
・音羽町誌編纂委員会『音羽町誌』音羽町一九七五（愛知県）
・知多市誌編さん委員会『知多市誌・資料編四』知多市一九八四（愛知県）
・各務原市教育委員会『各務原市・資料編近代・現代』各務原市一九八六（岐阜県）
・美濃市『美濃市史・通史編下巻』美濃市一九八〇（岐阜県）
・可児町『可児町史・通史編』可児町一九八〇（岐阜県）
・北方町『北方町史・資料編』北方町一九八二（岐阜県）
・高山市『高山市史・下巻（復刻版）』高山市一九八一（岐阜県）
・岐南町『岐南町史・史料編』岐南町一九八〇（岐阜県）
・野洲町『野洲町史・通史編二』野洲町一九八七（滋賀県）
・竜王町史編纂委員会『竜王町史（下巻）』竜王町一九八三（滋賀県）
・日野町教育会『近江日野町志・巻中（復刻版）』日野町一九八六（滋賀県）
・栗東町史編さん委員会『栗東町史・通史第一巻』栗東町一九八〇（滋賀県）
・大東市教育委員会『大東市史・近現代編』大東市教育委員会一九八〇（大阪府）
・八尾市史編集委員会『八尾市史（近代）・本文篇』八尾市一九八三（大阪府）
・豊能町史編纂委員会『豊能町史・史料編』豊能町一九八四（大阪府）

・松原市史編さん委員会『松原市史・第五巻』松原市一九七六（大阪府）
・高石市史編纂会『高石市史・第四巻』高石市一九八七（大阪府）
・丹後町『丹後町史』丹後町一九七六（京都府）
・大江町誌編纂委員会『大江町誌通史編・下巻』大江町一九八四（京都府）
・斑鳩町史編集委員会『斑鳩町史（続史料編）』斑鳩町一九七九（奈良県）
・上牧町史編集委員会『上牧町史』上牧町一九七七（奈良県）
・山添村史編さん委員会『山添村史・上巻』山添村一九九三（奈良県）
・平群町史編集委員会『平群町史』平群町一九七六（奈良県）
・千種町史編纂委員会『千種町史』千種町一九八三（兵庫県）
・佐用町史編さん委員会『佐用町史・中巻』佐用町一九八〇（兵庫県）
・加古川市史編さん専門委員会『加古川市史・第六巻』加古川市一九九〇（兵庫県）
・飯南町史編さん委員会『飯南町史』飯南町一九八四（三重県）
・御薗村誌編纂室『御薗村誌』御薗村一九八九（三重県）
・伊賀町『伊賀町史』伊賀町一九七九（三重県）
・青山町史編纂委員会『青山町史』青山町一九七九（三重県）
・小俣町史編さん委員会『小俣町史・通史編』小俣町一九八八（三重県）
・美浜町史編集委員会『美浜町史・下巻』美浜町一九九一（和歌山県）
・那智勝浦町史編さん委員会『那智勝浦町史・下巻』那智勝浦町一九八〇（和歌山県）
・印南町史編集室『印南町史・通史編下巻』印南町一九九〇（和歌山県）

「主な参考・引用文献」

・瑞穂町文化財専門委員『瑞穂町誌（第三集）』瑞穂町教育委員会一九七六（島根県）
・加茂町誌編纂会『加茂町誌』加茂町一九八四（島根県）
・佐治村『佐治村誌』佐治村一九八三（鳥取県）
・大山町誌編さん委員会『大山町誌』大山町一九八〇（鳥取県）
・柵原町史編纂委員会『柵原町史』柵原町一九八七（岡山県）
・山陽町史編集委員会『山陽町史』一九八六（岡山県）
・船穂町誌編集委員会『船穂町誌』船穂町一九六八（岡山県）
・落合町史編纂委員会『落合町史・民俗編』落合町一九八〇（岡山県）
・平井徹治『鴨方町誌』鴨方町一九五五（岡山県）
・呉市史編纂委員会『呉市史・第五巻』呉市一九八七（広島県）
・作木村誌編纂委員会『作木村誌』作木村一九九〇（広島県）
・府中町史編修委員会『安芸府中町史・通史編』府中町一九七九（広島県）
・五日市町誌編集委員会『五日市町誌（下巻）』五日市町一九八三（広島県）
・小野田市『小野田市史』小野田市一九九九（山口県）
・錦町史編さん委員会『錦町史』錦町一九八八（山口県）
・平生町『平生町史』平生町一九七八（山口県）
・玖珂町『玖珂町誌』玖珂町一九七二（山口県）
・橘町史編集委員会『橘町史』橘町一九八三（山口県）
・寒川町史編集委員会『寒川町史』寒川町一九八五（香川県）

・志度町史編さん委員会『新編志度町史・下巻』志度町一九八六（香川県）
・仲南町誌編集委員会『仲南町誌』仲南町一九八二（香川県）
・鳴門市史編纂委員会『鳴門市史・中巻』鳴門市一九八二（徳島県）
・上那賀町誌編纂委員会『上那賀町誌』上那賀町一九八二（徳島県）
・牟岐町史編集委員会『牟岐町史』牟岐町一九七六（徳島県）
・川島町史編集委員会『川島町史・下巻』川島町一九八二（徳島県）
・石井町史編纂会『石井町史・下巻』石井町一九九一（徳島県）
・井川町『井川町誌』井川町一九八二（徳島県）
・宍喰町教育委員会『宍喰町誌・上巻』宍喰町教育委員会一九八六（徳島県）
・伊豫市史編纂委員会『伊豫市史』伊豫市一九八六（愛媛県）
・川之江市誌編さん会『川之江市誌』川之江市一九八四（愛媛県）
・明浜町誌編纂委員会『明浜町誌』明浜町一九八六（愛媛県）
・広田村誌編集委員会『広田村誌』広田村一九八六（愛媛県）
・広見町誌編さん委員会『広見町誌』広見町一九八五（愛媛県）
・菊間町誌編さん委員会『菊間町誌』菊間町一九七九（愛媛県）
・小田町『小田町誌』小田町一九八五（愛媛県）
・大三島町誌編纂会『大三島町誌（一般編）』大三島町一九八八（愛媛県）
・大洲市誌編纂会『大洲市誌』大洲市誌編纂会一九七二（愛媛県）
・夜須町史編纂委員会『夜須町史・下巻』夜須町教育委員会一九八七（高知県）

「主な参考・引用文献」

・大豊町史編纂委員会『大豊町史・近代現代編』大豊町教育委員会一九八七（高知県）
・野市町史編纂委員会『野市町史・下巻』野市町一九九二（高知県）
・浮羽町史編集委員会『浮羽町史・下巻』浮羽町一九八八（福岡県）
・岡垣町史編纂委員会『岡垣町史』岡垣町一九八八（福岡県）
・太良町誌編纂委員会『太良町誌・上巻』太良町一九九五（佐賀県）
・中原町史編纂委員会『中原町史・上巻』中原町一九八二（佐賀県）
・相知町史編さん委員会『相知町史・下巻』相知町一九七七（佐賀県）
・東与賀町史編纂委員会『東与賀町史』東与賀町一九八二（佐賀県）
・大島村郷土誌編纂委員会『大島村郷土誌』大島村教育委員会一九八九（長崎県）
・佐世保総務部庶務課『佐世保市史・政治行政篇』佐世保市一九五七（長崎県）
・湯布院町誌刊行期成会『町誌・湯布院』湯布院町一九八九（大分県）
・大分市『大分市史（復刻版）』大分市一九七八（大分県）
・高森町史編さん委員会『高森町史』高森町一九八〇（熊本県）
・植木町史編纂委員会『植木町史』植木町一九八一（熊本県）
・西合志町史編纂協議会『西合志町史・通史編』西合志町一九九五（熊本県）
・都農町『都農町史』都農町一九九八（宮崎県）
・延岡市史編さん委員会『延岡市史・上巻』延岡市一九八三（宮崎県）
・指宿市役所総務課市誌編さん室『指宿市誌』指宿市一九八五（鹿児島県）
・名瀬市誌編纂委員会『名瀬市誌（中）』名瀬市一九八三（鹿児島県）
・金武町誌編纂委員会『金武町誌』金武町一九八三（沖縄県）

・本部町史編集委員会『本部町史・通史編上』一九九四（沖縄県）
・今帰仁村史編纂委員会『今帰仁村史』今帰仁村一九七五（沖縄県）

「図版・写真提供者一覧」

・宮城県東和町役場
・宮城県登米町警察資料館
・宮城県雄勝町教育委員会
・宮城県矢本町大塩民俗資料館
・宮城県宮崎町教育委員会
・宮城県中新町教育委員会
・宮城県田尻町教育委員会
・宮城県小牛田町近代文学館
・宮城県桃生町教育委員会
・現代史研究所（東京都板橋区）
・朝日新聞
・河北新報
・日本農業新聞
・青森県大畑町消防署
・岩手県紫波町教育委員会
・岩手県北上市立博物館
・岩手県水沢市消防記念館
・「消防博物館」（東京都新宿区）
・「NATTY WORKS」（東京都千代田区）
・長野県駒ヶ根市民俗資料館
・成澤俊幸氏（宮城県雄勝町）
・只野戸久男氏（宮城県南郷町）
・千葉直司氏（宮城県小牛田町）
・村上義衛氏（宮城県小牛田町）
・近代消防社（東京都港区）

あとがき

あれからもう一〇年が過ぎ去ろうとしている。さまざまな思いが頭をよぎる。

一九九〇年一月に「永遠なり、むらの心」を発刊したころから、むらの重要な機能の一つである消防機能について、農村社会学や隣接する学問分野においてあまり手がつけられていないことを強く意識するようになった。とはいっても、それをいかに進めて行くかということについては、先行研究がほとんどなかったこともあり、具体的な構想を描くことはできず、しばらく足踏み状態が続いた。自分としてはこれまでのむら研究の経験からして「とにかく現地に足を運べ、そこから何かが得られる」ということを感じていたこともあり、この時期にはかなりの回数、むらに足を運んだように思う。そして、一九九一年の夏ころだったと思うが、ふとしたきっかけで、宮城県亘理郡亘理町内において「逢隈村消防関係調査簿」に出会うことになった。何人の聞き取りを経てこの資料を初めて見たときの感激を今なお忘れることはできない。その資料をもとにまとめた「明治・大正期における消防組織の展開過程と村落」という小論が『村落社会研究・二八』(村落社会研究会)に掲載された時、消防組織についての研究をこれからの取り組むべき課題としようと心に決めたことを今でも覚えている。

それを機に、日本村落研究学会の機関誌である「村研ジャーナル」を中心にむらの消防組織に関する小論を発表する機会を得て、本格的な研究に取り組み始めた。私の主たる関心は、明治時代から終戦前までの時期を中心として、むらと消防組織との関わり方がどのように変容していったかということであり、それまでの私の村落研究の同じ脈絡上に位置している。そのころから宮城県内を中心に「消防」に関するお話しをする機会も多くなった。その際、戦前の消防組について、ほとんど理解されていないということを感じたことも事実である。多少極端な言い方をすれば、消防団は昭和二三年の消防組織法の制定をもって成立したものであり、戦後、新しく生まれた組織であるという考え方をする人が多かった。そのようなこともあり、むらの消防組織について通史的に捕らえ直しをする作業も必要なのではなかろうかと考えるようになった。

平成七年、阪神・淡路大震災を機に二一世紀の消防団の在り方がさまざまな分野から問われるようになり、しかも関係行政機関においても数多くの提言が行われた。そのような状況下にあって、むらの消防組織を多少なりとも研究している者にとって、それらの議論を対岸の火事として受け止めることはできないのではないかという思いもあった。

あの大災害時にあって、日本社会ではそれまで未成熟と言われてきた個人を中心としたボランティア活動を目の当たりにした時、消防団の基底部を貫いて来た伝統的な集団主義的行動についてこれまで以上に意識するようにもなった。

そして、現時点における自分の考えをとりまとめたのが、平成一一年九月一日の防災の日に朝日新聞の「論壇」に掲載された「消防団の活性化とボランティア」という小論であった。しかしながら、二一世紀の消防団の在り方の議論に際して、戦前来の消防組織とむら（地域社会）との関わりがいかようであったかということを抜きにしては、これからの消防団に関する議論は片手落ちになってしまうのではないかという危惧の念をもたざるを得なかった。それは本著の中でも再三にわたって触れているように、私は、戦前の消防組とむら（地域社会）との基本的な関わり方は今日の消防団においても継承されているという考えを持っている。

消防に関するお話しの時の反応からしても、消防団（消防組）とむら社会との歴史的な関わりについて、小生なりにまとめて見たいと考え、これまでの研究成果や資料をもとにして昨年の一一月半ばころから本格的に本著の作成に取り掛かった。その途中、自分が考えていた以上に急な登り坂も多く、幾度となく立ち止まらなければならなかった。その際、私の力不足を自覚せざるを得なかった。それでも、一つのトンネルをくぐり抜けると、これまで見えて来なかった世界が眼前に広がり、研究を深めて行く大きなエネルギーになったことだけは間違いない。

この一連の作業を通じて、新たな問題意識が芽生えたことも確かである。それは本著の内容の不完全さ故のものである。今、私はこれから一〇年間の研究の道筋をはっきりと描くことができる。

本著を作成するにあたって、実に多くの方々に一方ならぬお世話になった。特に、小生のさまざまな要求にも、いつも快く引き受けてくれた柿崎明弘さん（宮城県黒川高校教諭）や只野和行さん（河北新報小牛田駅前専売所所長）、仕事を持ちながらも国立国会図書館や東京都立中央図書館に足繁く通って来れた甥の詫摩康君、さらには、研究が思うように進まないときに常に励ましていただいた白鳥明生・多喜子ご夫妻、宮城県消防協会会長佐藤恒利さんには誌上を借りて感謝の気持ちを表したいと思います。

最後になったが、出版事情の厳しい折りに出版の労をお取りいただいた近代消防社代表取締役三井栄志さんには心から感謝申し上げます。

平成一二年一二月

後藤　一蔵

《著者紹介》
後藤　一蔵（ごとう　いちぞう）
一九四五年　宮城県生まれ。
東北大学教育学部（教育社会学専攻）卒業。
宮城県佐沼高等学校、古川高等学校教諭、
現在、宮城県立小牛田高等養護学校教諭。
現住所　宮城県遠田郡小牛田町牛飼字新町
一八一一（☎〇二二九―三二―二七二五
ファクシミリ兼用）

主な著書・論文
・『永遠なり、むらの心』（富民協会）
・「明治・大正期における消防組織の展開過程と村落」（『村落社会研究・二八』村落社会研究会）
・「地主制の展開過程における消防組織と村落」（『村落社会研究・創刊号』日本村落研究学会）
・「若者契約における消防機能の展開過程」（『村落社会研究・八』日本村落社会研究学会）
・「契約講の変容と村の再編成過程」（『社会学評論・一二六』日本社会学会）
・「混住化現象に伴う村落の変容と区費賦課基準の変遷過程」（『社会学評論・一六七』日本社会学会）

消防団の源流をたどる
―二一世紀の消防団の在り方―

平成一三年一月六日　第一刷発行
著者―後藤《ごとう》　一蔵《いちぞう》©二〇〇一
発行者―三井　栄志
発行所―近代消防社
〒一〇五―〇〇〇一　東京都港区虎ノ門二ノ九ノ一六
（日本消防会館内）
TEL　〇三―三五九三―一四〇一
FAX　〇三―三五九三―一一四二
URL=http://village.infowed.ne.jp/~kinsyo
振替=〇〇一八〇―五―一一八五
印刷―長野印刷商工
製本―関製本

検印廃止　Prined in Japan
落丁本・乱丁本はお取り替えいたします。
ISBN4-421-00630-0 C0021　定価はカバーに表示してあります。